엄 마 · 가 먼 저 알 아 야 할

에니어그램

엄마가 먼저 알아야 할

에니어그램

E N N E A G R A M

엄마가 에니어그램을 배워 2% 변하면 자녀는 200% 변한다!

김진희 지음

평단

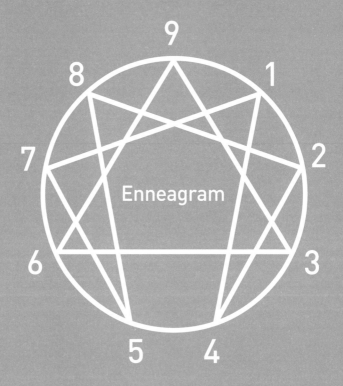

차례

2장 에니어그램 잘 이해하기

5장 에니어그램 성격 유형에 따른 맞춤식 교육법

엄마가 자녀의 미래를 바꾼다

오늘도 서점가에서는 하루가 멀다 하고 다양한 교육서들이 쏟아져 나옵니다. 책 내용대로만 실천하면 모든 엄마가 자녀를 성공적으로 키울 수도 있을 것 같습니다. 그런데 사실 꼭 그렇지는 않습니다. 제 경우를 말하자면, 자녀 지도법 중 몇 가지는 제 양육 스타일에 맞았고, 아이에게 적용해본 결과 꽤 효과도 있었습니다. 그런데 대부분의 양육 서적들이 이론적으로 아주 이상적이고 모두 이치에 맞는 것 같아도 사실 엄마와 자녀에게 매번 맞아떨어지는 것은 아닙니다. 그래서 저 나름대로 아이에게 이것저것 시도하며 노력해봤지만 번번이 중도에 그만두거나 흐지부지되기 일쑤였습니다. 물론 일관적이지 못한 엄마의 양육태도와 가치관이 문제일 수도 있지만, 이론대로 실천하는 것이 생각만큼 쉬운 일이 아니라는 것은 분명합니다.

그렇다면 실천이 어려운 이유는 무엇일까요? 저는 에니어그램을 공부하고 나서 이 질문에 답할 수 있게 되었습니다. 그 이유는 바로 엄마와 자녀의 성격을 제대로 이해하지 못하는 데서 비롯됩니다. 많은 엄마들이 훌륭한 지침서대로 양육하려고 하지만, 엄마들 대부분이 자녀의 성향을 무시한 채 자기 성격 유형에 얽매여 의식적·무의식적으로 자녀를 키우게 됩니다. 저역시 에니어그램을 만나기 전에는 제 성격과 무의식적 자동반응을 제대로 알지 못했고 아이의 성향도 잘 파악하지 못했습니다. 그저 엄마인 제 성격대로 아이를 양육했기 때문에 실수가 많았습니다.

제게는 지금 사춘기를 별문제 없이 잘 보내고 있는 고등학교 1학년 딸이 있습니다. 얼마 전 딸아이가 제게 이런 말을 했습니다.

"언제부터인가 엄마가 참 많이 변했어. 내 이야기에도 많이 공감해주고. 친구들이 서로 엄마 이야기를 하는데, 난 요즘 '어쩜 너희 엄마는 네 이야기를 그렇게 잘 들어주고 잘 이해해주시니?' 하는 말을 자주 들어."

참 기분이 좋아지는 칭찬이었습니다. 그런데 사실 에니어그램을 배우기 전에는 저도 딸아이가 관계지향적이고 사랑 받고 싶어 하는 성향이라는 것을 몰라 제 성격대로 양육했기 때문에 아이에게 많은 상처를 주었습니다. 남보다 늦게 결혼해서 저 나름대로 기대와 의욕을 가지고 최대한 잘해보려 한 것이 문제였습니다. 잘못된 사랑과 저의 욕심으로 아이를 키우려 했던 것이지요.

에니어그램의 관점에서 보면 저는 도전적이고 독립적인 8유형에 해당합니다. 이 유형의 엄마는 자녀를 양육할 때 자녀가 어려도 따뜻하고 부드러운 말로 하기보다는 스스로 알아서 할 것을 요구하고, 모든 것을 엄마 뜻대로 움직여주기를 바랍니다. 제가 이런 유형이다보니 안 그래도 의존적인 성향의 딸아이는 욕구불만을 느끼고 심리적으로 위축될 수밖에 없었습니다. 아주 어릴 때는 엄마보다 힘이 약하기 때문에 어쩔 수 없이 엄마 뜻을 따랐지만, 초등학교 3학년이 지나 자기주장을 내세우기 시작하면서부터는 갈등이 생길 수밖에 없었지요.

제가 아는 한 엄마는 자녀를 꼼꼼하고 세세하게 보살피는 성향이었습니다. 그래서 자녀의 학원 스케줄 관리와 학습지도는 물론 친구관계 관리까지 이것저것 모두 체크하는 열성적인 스타일이었지요. 이 엄마는 자녀를 믿지 못하고 어디에 있는지, 학원에는 갔는지 등을 수시로 확인하곤 했습니다. 심지어 자녀의 친구관계에까지 관여해 "그 친구는 만나지 마라", "저 친구는 공부하는 친구니까 만나도 된다"는 등 시시콜콜 간섭을 하고 나섰습니다.

아이는 어렸을 때 그래도 엄마 말을 고분고분 듣는 듯했지만 커가면서 상황이 점점 악화되었습니다. 아이가 아예 엄마 전화를 받지 않거나 심지어는 전화기를 꺼놓을 때도 있었습니다. 그런데 이 엄마도 참 대단했습니다. 아이의 친구 전화번호까지 알아내 아이가 전화를 안 받으면 친구들에게 전화를 걸어 확인하기 시작했던 것입니다. 이런 엄마의 가치관과 신념이 엄마와 자녀 사이에 숱한 갈등을 불러왔고, 결국 서로에게 상처만 남겼습니다.

이처럼 저를 포함한 많은 엄마들이 자녀의 성향을 무시한 채 엄마의 기준대로, 욕심대로, 자녀를 사랑한다는 명분으로 부모의 틀에 맞춰 잘못 양육하고 있습니다. 다행히 저는 에니어그램을 공부하면서 저 자신을 알게 되었고 자녀의 성격도 이해하게 되었습니다. 그 뒤로는 지시적이고 강압적인 태도에서 벗어나 되도록 딸아이의 말을 잘 들어주고 좀 더 공감하려고 노력했습니다. 제가 변하기 시작하자 딸아이도 차츰 안정을 찾았고, 자신의 정체성을 찾기 위해 노력하는 자세를 보였습니다. 그뿐만 아니라 남편을 이해하지 못해 불만과 원망이 섞여 있던 제 말투가 조금씩 부드러워지면서 가정도 더 편안해졌습니다.

지금도 우리 주변에는 자녀와의 갈등으로 힘들어 하며 자녀를 좀 더 성공적으로 양육하기를 원하는 엄마들이 많습니다. 그런 엄마들도 에니어그램을 통해 스스로 먼저 변하면 저와 같은 경험을 하게 될 것입니다. 자기계발과 성찰을 제시하는 방법은 매우 많습니다. 저는 그 방법들 가운데 동서양의 정신적 지혜와 현대 심리학을 접목시킨 에니어그램을 누구에게나 추천합니다. 에니어그램은 인간의 성격 유형뿐 아니라 성격 너머에 있는 '참 나'를 찾아가는 데 지도와 같은 역할을 해주기 때문입니다.

이제 엄마들이 에니어그램을 통해 내 자녀의 성격에 알맞은 맞춤 양육법을 배워야 할 때입니다. 특히 자녀의 교육을 성공적으로 이끌려면 엄마는 엄마의 강점을, 자녀는 자녀의 강점을 살려 맞춤식으로 교육하는 지혜를 발휘해야 합니다.

엄마가 자기 자신을 모르고 자녀를 모르면 결정적 시기에 자녀에게 꼭 해줘야 할 것을 놓치게 되고, 그로 인해 발생하는 여러 가지 문제를 극복하려면 몇 배나 많은 노력이 필요합니다. 이제는 자녀의 어떤 행동에 대해 표면적이고 일시적인 해결책을 찾을 것이 아니라 자녀의 성격 유형에서 오는 자동적 행동 패턴의 근본적인 동기를 알아 근원부터 치유할 수 있어야 합니다. 그것이 엄마가 에니어그램을 배워야 하는 이유입니다.

모쪼록 이 책이 자녀를 사랑하는 엄마들이 좀 더 현명하고 지혜롭게 자녀를 양육하는 데 조금이나마 도움이 되기를 바랍니다.

2016년 4월

김진희

1장

엄마를
바꾸는
에니어그램

엄마가 변해야
자녀의 미래가 변한다

왜 엄마가 '먼저' 변해야 할까

엄마가 먼저 변해야 한다!

이것은 어제오늘의 주장이 아닙니다. 엄마가 먼저 변하지 않고는 자녀를 성공적으로 키울 수도, 자녀의 삶을 바꿀 수도 없기 때문이지요. 이제 옥박지르고 강압적으로 시키는 엄마의 교육이 통하던 시대는 지나갔습니다. 기존의 교육 시스템과 양육 방법으로는 시대의 변화에 부응할 수 없게 되었습니다. 엄마들은 이제 자녀의 상황을 잘 파악하고, 그에 걸맞게 말하고 행동할 수 있어야 합니다. 즉, 예전과는 달라져야 합니다.

저를 포함한 많은 엄마들은 사랑하는 자녀를 누구보다 잘 키우고 싶어 합니다. 특히 요즘처럼 자녀가 하나나 둘인 경우에는 그런 마음이 더 간절하게 마련이지요. 엄마들은 자녀들이 말도 잘 듣고, 건강하고 예의 바르며, 공부도 잘하고, 자기 할 일을 스스로 해나가는 아이로 자라주기를 바랍니다. 하지만 대부분의 자녀는 엄마들의 바람대로 자라주지 않습니다.

엄마들은 자녀가 좀 더 발전적으로 변화하기를 바라는 마음에서 나름대로 잘하려고 애쓰지만, 때로는 본의 아니게 잘못된 방향으로 흐르기도 합니다. 엄마의 사랑이라는 명분으로 자녀에게 자신의 뜻을 강요하거나 지시하고, 지배적인 자세로 훈육하게 되는 것이지요.

이처럼 엄마는 변하지 않고 자녀의 변화만 강요하며 계속 몰아붙이면 갈등만 일어날 뿐 발전을 기대하기 어렵습니다. 자녀들은 늘 간섭하고 잔소리를 하는 엄마의 말을 처음에는 듣는 듯하다가 어느 정도 성장하면 아예 귀를 닫고 무시해버리기 일쑤입니다. 이에 대해 실망하고 상처를 입은 엄마들도 이제는 압니다. 자식을 키우는 게 쉽지 않을뿐더러 엄마의 방식대로 하는 것은 더욱더 어렵다는 것을 말이지요.

그런 가운데 요즘 많은 엄마들이 올바른 자녀 교육에 대해 고민하고 부모 교육을 통해 변화를 시도하고 있다는 것은 매우 희망적인 일입니다. 자녀가 이렇게 행동할 땐 이렇게 하고 저렇게 떼쓸 땐 저렇게 하라는 등 조언도 많아지고, 또 좋은 엄마 되기 10계명, 20계명 등이 엄마들의 관심을 끌기도 합니다. 그만큼 엄마 역할이 힘들다는 뜻이겠지요.

그렇게 나름대로 고민하고 공부하고 노력을 해도 여전히 자녀 교육이 힘든 이유는 무엇일까요? 바로 엄마가 자녀의 성격을 제대로 모르고 교육하기 때문입니다. 그래서 노력과는 달리 빗나가기만 하는 것입니다. 이때 엄마들에게 필요한 것은 근본적인 변화입니다. 자녀의 진정한 행복을 위해서도 엄마들 자신을 위해서도 무엇보다 엄마가 변해야 합니다. 피상적이고 단발적인 변화가 아니라 근본적인 변화가 필요합니다.

왜 엄마 자신을 알아야 할까

그렇다면 엄마가 어떻게 변해야 할까요? 먼저 엄마 자신을 제대로 알아야합니다. "모든 것이 나에게서 시작된다"는 말이 있듯이 나를 먼저 알아야 세상을 바로 볼 수 있습니다. 즉, 엄마 자신의 생각과 감정 그리고 행동 패턴을 정확히 알아야 합니다. 이를 통해 그동안 자신도 모르게 상황을 부정적으로 만들었던 원인인 집착이 무엇인지 알게 되고, 문제점도 찾아내서 극복할 수 있게 됩니다. 또한 엄마의 성격 유형을 알면 그 성격에 해당하는 장단점을 파악할 수 있고, 엄마의 장점을 살려 자녀를 양육하는 지혜도 얻을 수 있습니다.

'지피지기知彼知己면 백전백승百戰百勝'이라는 말이 있습니다.《손자병법》에 나오는 유명한 말로 '적을 알고 나를 알면 백 번 싸워도 백 번 이긴다'는 뜻입니다. 그런데 요즘은 시대가 변해 남을 아는 것도 중요하지만 무엇보다 자신을 먼저 알아야 실패하지 않는 세상이 되었습니다. 나를 안다는 것은 곧 '자각함', '깨어 있음'을 뜻합니다. 자기 자신을 있는 그대로 바라볼 수 있게 된다는 것이지요.

엄마가 자신을 알면, 더 정확히 말해 자신의 성격 유형을 알면 어떻게 될까요? 자신의 생각이나 정서, 행동방식을 어떤 편견이나 판단 없이 객관적으로 보고 자신의 마음과 행동을 알아차릴 수 있게 됩니다. 그러므로 자녀 양육을 잘하려면 무엇보다 엄마가 자신을 먼저 알아야 합니다. 자기 자신도 제대로 모르고 혼란스러운 엄마가 어떻게 자녀를 제대로 파악하고 있는 그대로 바라볼 수 있겠습니까?

왜 엄마가 변해야 할까

자녀는 부모의 거울입니다. 엄마가 어떤 가치관으로 자녀를 바라보느냐에 따라 자녀의 행동이 달라지고 미래가 달라지는 것이지요. 자녀가 변화하기를 바란다면 엄마의 신념이 무엇인지 알아야 하고, 만약 그 신념이 부정적인 것이라면 당장 바꿔야 합니다. 아울러 자녀를 대하는 엄마의 태도가 어떤지를 바로 알아야 합니다.

혹시 자녀의 성향을 무시한 채 엄마의 가치관대로, 엄마의 성격대로 자녀를 키우려고 하지는 않나요? 물론 엄마들도 꼭 그렇게 하려고 그러는 것은 아닙니다. '이젠 상냥하게 대해야지' 하고 굳게 다짐해보지만, 어느새 자신도 모르는 사이에 퉁명스럽게 툭툭 말을 내뱉을 때도 많지요.

하지만 자녀를 정말 생각한다면 이제 무의식적으로, 때로는 엄마의 욕심에서 나온 행동들을 돌아봐야 합니다. 지금부터라도 엄마 자신의 내면을 들여다보고 그동안 어긋났던 자녀 양육법을 바로 세워야 합니다. 자녀를 제대로 이해하고 교육하려면 엄마 자신의 정체성을 먼저 찾아야 합니다. 그러지 않으면 자녀에게 많은 상처와 혼란을 안겨주게 될 테니까요.

우리가 사는 세계는 하루가 다르게 변하고 있습니다. 우리 자녀들이 앞으로 이 세상에 잘 적응해 살아갈 수 있는 역량을 갖추려면 가정에서부터 제대로 교육이 이루어져야 합니다. 교육의 기본 토대는 가정에서부터 세워지기 때문입니다. 인간이 성장하고 발달하는 데는 태아기부터 노년기까지가 모두 중요합니다. 하지만 많은 학자들의 주장대로 자녀의 영·유아기가 매우 중요하고, 아동기와 사춘기 역시 중요합니다. 자녀에게 최초의 사회라 할 수 있는 가정의 중요성은 말할 것도 없고, 특히 주요 양육자인 엄마가 자녀에게 미치는 영향의 중요성은 누구도 부정할 수 없을 것입니다.

왜 에니어그램이 자녀 교육에 필요할까

에니어그램은 엄마와 자녀를 이해하는 데 가장 적합한 도구입니다. 엄마가 먼저 에니어그램을 배워 자신을 알고 변화하면 어떻게 될까요? 자신은 물론 자녀의 성향과 성격을 제대로 파악해 자녀에게 꼭 맞는 맞춤 교육을 실시할 수 있을 것입니다.

많은 엄마들이 자녀의 미래를 위해 투자합니다. 자녀가 좋은 대학에 진학해서 좋은 직업을 갖고 행복한 삶을 살기를 바라기 때문에 자녀에게 온 힘을 쏟고 지원을 아끼지 않습니다. 학과목은 물론 예체능 과목까지 정말 열심히 투자하지요. 그런데 이런 물리적 투자도 필요하지만 간과해서는 안 될 것이 있습니다. 자녀의 성향을 제대로 알고 강점이나 잠재력을 파악해서 지원하는 일입니다.

투자를 할 때는 적기에 꼭 필요한 데 투자해 최고의 효과를 내야 합니다. 그것은 자녀 교육도 마찬가지입니다. 교육 투자 대비 최고의 효과를 내려면 먼저 자녀를 알아야 하고, 이것이 바로 엄마가 에니어그램을 배워야 하는 이유입니다. 엄마가 자신을 알고 이해하면 자녀를 있는 그대로 인정할 수 있게 되고, 자녀의 성향에 따른 맞춤 교육이 가능해지는 것이지요.

엄마의 변화가 자녀에게 미치는 영향은 가늠할 수 없을 정도입니다. 자녀의 미래는 엄마가 자녀를 어떻게 바라보느냐에 따라, 엄마의 양육태도에 따라 좌우되기 때문입니다. 결국 엄마가 얼마나 변하느냐에 따라 모든 것이 달라집니다.

문제해결의
실마리가 보인다

엄마 문제가 꼬이면

엄마도 뭔가 일이 생각대로 안되거나 속상한 일이 있으면 스트레스를 받고 짜증이 납니다. 그래서 괜히 꼬투리를 잡아 남편한테 퍼붓고, 심지어 자녀에게 화풀이를 하기도 합니다. 누구나 행복한 삶을 원하지만 자녀문제, 부부문제, 금전문제, 직장문제 등 많은 부분이 제 뜻대로 되지 않는 게 또한 인생입니다.

저 또한 나름대로 더 행복하기 위해, 인생을 성공적으로 살기 위해, 자녀를 잘 키우기 위해 노력했지만 생각대로 이뤄지지 않을 때가 많았습니다. 그래서 늘 더, 더, 더 바라며 살았는데, 그 바람이 과했던지 제 삶은 어려움에 봉착하게 되었습니다.

저는 꽤 오랫동안 미술학원과 영어학원 등 사교육 사업을 했는데, 운영이 제법 잘되었습니다. 그러자 좀 더 큰 사업을 해보고 싶다는 욕망이 슬금슬금 올라와 결국 새로운 사업을 구상하게 되었습니다. 한번 해야겠다고 마음먹으면 불도저처럼 밀어붙이는 성격 탓에 사업을 무리하게 진행했고, 그것이 화근이 되어 상황은 점점 더 꼬여갔습니다. 지금 생각하면 쥐구멍에라도 들어가고 싶을 만큼 무모하게 일을 벌였는데, 그때는 미처 깨닫지 못했습니다. 결국 나중에 에니어그램을 공부하면서 그때 왜 그렇게 할 수밖에 없었는지 알게 되었습니다.

경솔한 투자의 후유증은 제 마음속에 우울감과 자괴감을 키웠습니다. 아무리 자제하려 애써도 내면의 불만족은 겉으로 표출되게 마련이어서 가정도 편안하지 않았습니다. 그로 인한 스트레스 상황에서 부정적인 성격 특성이 저절로 나왔던 것입니다. 지금의 저라면 그렇게 되지 않도록 신중하게 일을 처리했겠지만 그때는 그러지 못했습니다.

집 안 분위기가 가라앉아 침울했으며, 웃음이라고는 찾아보기 어려웠습니다. 그리고 그 영향은 고스란히 딸아이에게 미쳤습니다. 저는 알게 모르게 딸에게 준 상처를 치유하기 위해 그 뒤 많은 노력을 기울여야 했습니다. 한번 마음에 상처를 입히면 몇 배나 노력해야 그것을 회복시킬 수 있다는 것을 그때 경험으로 알게 되었습니다.

"엄마가 행복해야 가정이 행복하다"는 말이 있습니다. 가정에서 엄마의 영향력은 아무리 강조해도 지나치지 않기 때문이지요. 엄마가 가족을 사랑하고 정성을 다하려면 먼저 자신을 이해하고 사랑할 수 있어야 합니다. 엄마가 자신의 성격을 이해하면 자신도 모르게 짜증을 내거나 자녀의 입장을 배려하지 않고 툭툭 내뱉는 거친 말을 자제하게 될 것입니다.

엄마가 변하면

엄마가 우울하면 자녀에게 정서적 불안감을 주게 됩니다. 저의 배려심 없는 무의식적 행동으로 딸아이는 점점 제 눈치를 보게 되었습니다. 한심한 제 모습을 보면서 '내가 미쳤지' 하는 생각이 들었습니다. 이래서는 안되겠다 싶어 툴툴 털고 일어나 마음공부를 시작했고, 우연한 기회에 에니어그램을 접하게 되었습니다.

처음에는 나 자신을 보는 것이 참 힘들었습니다. 무엇보다도 부정적인 모습을 바라보기가 싫었던 것입니다. 때로는 인정하기 싫어 부정도 해보았지만, 장점도 내 모습이고 단점도 내 모습이라는 것을 차츰 인정하고 나니 조금씩 놀라운 변화가 일어났습니다. 나 자신을 알게 됨으로써 나와 다른 성격의 사람이 있다는 것 또한 알게 된 것입니다.

엄마인 제가 조금씩 변하기 시작하자 딸아이의 얼굴이 점점 밝아졌고, 가정에도 온화한 기운이 감돌기 시작했습니다. 에니어그램을 만나 변화하기 시작한 것입니다.

나를 알고 나니

지난 일을 생각해보면 자녀문제도 가정문제도 모두 나에게서 시작되었고, 나를 바로 알지 못했기 때문에 생긴 일이었습니다. 저 나름대로 성공적인 부분도 있었지만, 저 자신을 너무 몰랐기 때문에 많은 실패와 고통의 시간을 겪었던 것이지요. 그 과정을 거치면서 제 행동이 그렇게 나올 수밖에 없었던 이유를 이해하게 되었습니다. 그러고 나니 꼬여 있던 문제가 비밀의 문이 열리듯 하나씩 하나씩 이해되기 시작했습니다.

만약 저의 무의식적이고 자동적인 패턴을 좀 더 일찍 알았다면 고통의 시간을 더 빨리 극복할 수 있었을 것입니다. 또한 슬금슬금 올라오는 부정적인 욕망도 알아차리고 자제했을 것입니다. 무엇보다 사랑하는 딸아이의 마음에 상처를 주지 않았을 것입니다.

에니어그램의 관점에서 보면 저는 8유형에 속합니다. 8유형의 경우 적극적이고 도전적인 성격은 긍정적인 부분에 해당하지만, 반면 과도한 욕망이라는 부정적인 부분도 있습니다. 저는 이 부정적인 부분을 알아차리지 못했기 때문에 시행착오를 겪었던 것입니다.

저뿐만 아니라 제 주변의 많은 사람들은 자기 자신을 알지 못해 많은 실패를 경험합니다. 자신의 성격 틀 안에 갇혀 자기 생각만 옳다고 주장하는 잘못된 신념을 가진 사람들이 많습니다. 그런데 에니어그램은 인간의 성격 유형을 보여주기 때문에 어떤 사람의 긍정적인 부분, 부정적인 부분을 어느 정도 예측할 수 있습니다. 즉, 사람은 기본적인 성격 유형과 각자의 유전자, 가정환경, 부모의 태도, 삶의 의지 등이 다르기 때문에 전부 안다고 할 수는 없지만 많은 점에서 참고할 수 있습니다.

이렇듯 나를 알게 되면 자녀관계, 부부관계, 인간관계, 사업관계, 금전관계 등 인생의 많은 부분에서 상당히 큰 도움을 받을 수 있습니다. 특히 자녀관계에서는 놀랄 만한 변화를 경험하게 될 것입니다.

인간관계가
술술 풀린다

인간관계가 중요한데…

인간의 행복, 불행, 기쁨, 슬픔, 분노, 우울 등과 같은 모든 감정을 불러일으키는 여러 가지 원인 가운데 인간관계가 85%의 비중을 차지한다고 합니다. 즉, 행복하고 성공적인 삶을 살려면 무엇보다 인간관계를 잘해야 한다는 것이지요. 또한 사업이나 금전적인 문제도 따지고 보면 인간관계에서 오는 것이기 때문에 세상을 살면서 인간관계는 매우 중요합니다.

인간은 사회적 동물이기 때문에 인간관계를 맺지 않고는 살아갈 수 없습니다. 그래서 늘 인간관계 속에서 웃고 울고 고민하는 것입니다. 심리학자 알프레드 아들러Alfred Adler는 모든 고민이 인간관계에서부터 시작된다고 말합니다. 가깝게는 자녀와의 관계, 남편과의 관계, 가족, 사회생활 등 우리는 하루에도 수많은 사람들과 부딪치며 살고 있습니다. 그렇다면 어떻게 해야 성공과 행복의 수치는 올리고 불행의 수치는 낮추는 긍정적인 인간관계를 만들 수 있을까요?

행복한 삶을 위해 인간관계를 잘한다는 것이 말처럼 쉬운 일은 아닙니다. 시중에 나와 있는 많은 자기계발서를 보면 인간관계를 위해 경청하기, 먼저 다가가기, 자신 이해하기, 상대 이해하기 등 많은 것이 필요하다고 알려줍니다. 그런데 여러 가지 조건 가운데 가장 먼저 갖춰야 하는 것이 바로 자기 이해입니다. 즉, 나 자신을 이해하고 자신을 바로 세우면 상대도 이해하게 되어 모든 인간관계가 풀리는 것입니다. 모든 관계의 시작은 자기 자신에서부터 시작되고, 자신이 바로 서려면 자기 자신을 알아야 합니다.

인간관계를 잘하려면

모든 인간관계의 핵심은 자기이해이고 자기 자신을 아는 것이 우선이지만, 의외로 많은 사람들이 자기 자신을 제대로 이해하지는 못하는 듯합니다. 사실 '나는 누구인가?'라는 철학적 질문은 인류가 수천 년 전부터 해온 질문입니다. 그만큼 나 자신을 제대로 알기가 쉽지 않다는 뜻이겠지요.

많은 사람들이 자기 자신을 알기 위해 명상이나 수행, 기도, 독서, 일기쓰기 등 여러 가지 방법을 시도합니다. 저를 비롯한 많은 사람들이 지금도 자신을 알기 위해 노력하고 있습니다. 비록 자신을 제대로 아는 것이 쉬운 일은 아니지만 그래도 방법은 있습니다. 저는 에니어그램이라는 도구를 통해 저 자신을 알아가는 데 많은 도움을 받고 있는데, 많은 학자들은 에니어그램이 인간의 성격을 이해하는 데 매우 유용한 도구라고 말합니다.

에니어그램은 인간의 9가지 성격 유형과 각 유형의 연관성을 표시한 것으로 나 자신과 상대를 깊이 이해할 수 있는 정교한 도구입니다. 그래서 에니어그램이라는 도구를 통해 자신의 성격 유형뿐만 아니라 인간을 부정적으로 움직이게 하는 각 유형의 근원적 문제를 찾아내어 극복할 수 있습니다. 나를 알고 상대를 이해하면 다양한 현실 상황 속에서 서로에게 상처를 주지 않고 가장 적절한 대화법을 찾아내게 됩니다. 또한 인간관계에서 자신이 원하는 것을 효율적으로 취할 수 있는 지혜도 생깁니다. 세상에는 나와 다른 8가지 성격 유형이 있다는 사실만 알아도 인간관계는 달라질 것입니다.

제 주변에 자기주장이 강하고 적극적으로 표현하는 사람이 있습니다. 그는 에니어그램을 공부하기 전에는 소극적인 사람을 이해하지 못해 왜 적극적으로 자기주장을 하지 않느냐고 타박했다고 합니다. 늘 신속하게 결정을 내리는 유형인 그는 또 움츠러들거나 의심병이 있거나 융통성이 없는 사람을 이해하지 못하고 한심하게 생각했습니다. 하지만 에니어그램을 공부한 뒤로는 상대를 이해하고 공감하며 기다려주는 여유를 가지게 되었다고 합니다.

이처럼 세상에는 9가지 성격 유형이 있다는 것과 나와 다른 사람이 있다는 것만 인정해도 모든 인간관계가 한층 좋아질 것입니다.

관계를 변화시키는 엄마

무엇보다 자녀와의 관계에서 많은 변화가 일어날 것입니다. 엄마들은 왜 사랑하는 자녀에게 상처를 주게 될까요? 이제는 더 이상 무지 때문에 사랑하는 자녀와 갈등을 일으키지 맙시다. 변할 수 있습니다. 행복한 삶에 대한 의지만 있다면 가능합니다.

엄마 자신이 성장하고 변화하기 위해 노력한다면 분명 놀라운 일이 벌어질 것입니다. 피하지 않고 자신을 직면함으로써 그동안 자기 마음속에 똬리를 틀고 있던 걸림돌이 무엇인지 밝혀내게 될 것입니다. 자신을 부정적으로 행동하게 했던 핵심적인 문제를 효과적으로 다루게 되는 것이지요. 그렇게 되면 그동안 불편했던 자녀와의 문제가 해결되고, 늘 맘에 안 들던 남편도 좀 더 넓은 마음으로 이해하게 될 것입니다. 엄마가 변하니 가족이 변하고, 가정이 점점 화목해지는 것은 당연한 결과입니다.

특히 엄마들은 시댁과의 관계에서 많은 고충을 토로하곤 합니다. 이 또한 인간관계의 한 부분이므로 나를 알고 상대를 알게 되면 이전에는 서운함을 느꼈던 시부모님에게도 언젠가는 애잔한 마음이 들 것입니다. 친정 식구와의 관계도 물론 마찬가지입니다.

나아가 주변 지인이나 사회생활에서의 인간관계도 더 좋아질 것입니다. 개인사업을 하든 직장생활을 하든 인간관계 때문에 힘들어 하는 사람이 많습니다. 직장맘들 또한 싫든 좋든 정해진 사람들과 함께 생활해야 하기 때문에 인간관계에 따른 갈등을 피하기 어렵습니다. 결국 사회생활을 성공적으로 해내려면 인간관계를 잘해야 하는데, 에니어그램을 공부하면 '나와 다른 성격이구나' 하고 이해하고 넘어갈 수 있으니 인간관계가 한층 개선될 것입니다.

내가 변하면 모든 것이 변한다!

이것은 분명한 사실입니다.

자녀를 있는
그대로 보게 된다

사표를 내고 싶은 엄마

살아가면서 겪는 많은 어려움 가운데 자녀 양육이 가장 어렵다고들 합니다. 옛말에도 "자식농사가 가장 어렵다"는 말이 있지요. 그래서일까요? 요즘 젊은 엄마들은 자녀를 어떻게 양육해야 할지 갈팡질팡할 때가 많다고 합니다. 잠자고 있을 때는 천사처럼 귀엽고 사랑스런 아이라도 막상 아이를 돌보는 일은 사실 쉽지도 않고 매번 즐겁지만도 않습니다. 정말이지 어쩔 땐 도를 닦는 기분일 때가 있으니까요.

자녀와 있으면 엄마의 생각대로 돌아가는 일은 별로 없다고들 합니다. 엄마가 바라는 대로 자녀가 척척 알아서 하고 잘 커주면 좋으련만 현실은 그리 녹록지 않습니다. 그래서 엄마 노릇이 힘들어 사표를 내고 싶다는 말까지 나오는 것이지요.

제가 아는 한 엄마는 성격이 꽤 급한 편입니다. 뭔가 일을 할 때면 빨리빨리 척척 해내야 직성이 풀리는 유형이지요. 그런데 그 엄마의 자녀는 반대로 좀 느린 편이어서 엄마가 질문을 하면 빨리 대답하는 법도 없고, 무슨 일을 하거나 숙제를 할 때도 천천히 느긋하게 합니다. 엄마는 요즘 현실에서 학생이 해야 할 일이 한두 가지가 아니기 때문에 부지런히 빨리빨리 움직이라고 닦달합니다. 엄마 나름대로 좋은 생활습관을 가르친다는 생각에서 자녀를 더욱더 재촉합니다. 자신의 신념이나 행동은 옳고 자녀는 고쳐야 할 대상이라고 생각하는 것이지요. 자녀의 성향을 무시한 채 엄마의 잣대로만 판단하는 것입니다.

그 엄마는 자녀를 볼 때마다 답답하고 속이 터져 죽을 것 같다고 말합니다. 자연히 "야, 빨리 안 해" 하고 큰 소리를 낼 때가 많습니다. 엄마의 기준으로 보면 자녀가 매우 못마땅할 수밖에 없고, 엄마가 그럴수록 자녀는 더욱더 위축되고 자신감을 잃어버립니다. 처음에는 엄마의 잔소리나 꾸중에 순응하는 듯했는데 지금은 상황이 다릅니다. "내가 알아서 할 거니까 신경 꺼" 하고 대듭니다. 그렇게 엄마와 자녀 사이의 갈등은 점점 고조됩니다.

이 세상에 똑같은 사람은 없으니

전 세계 인구가 70억이 넘는다고 합니다. 겉모습이 비슷해도, 심지어 쌍둥이라도 성격은 제각기 다릅니다. 인구가 그렇게 많은데 신기하게도 똑같은 사람은 이 세상에 한 명도 없습니다. 그런데 많은 부모들은 자녀를 자신과 다른 인격체로 보지 않고 부모의 기대나 기준에 맞춰 자라야 한다고 생각합니다. 엄마는 자신의 생각과 신념, 감정은 옳고 자신과 다른 자녀의 생각은 틀리다고 생각하기 때문에 잘못된 부분을 바로잡아야 한다고 생각합니다. 거기에서부터 갈등이 시작되는 것입니다.

즉, 엄마는 자신의 기준으로 자녀의 행동과 생각의 옳고 그름을 판단합니다. 그러면 그럴수록 자녀와의 거리감과 갈등은 커져가지만, 엄마의 훈육이라는 이름으로 자녀의 행동을 못마땅하게 여기고 사사건건 간섭하고 지적하며 고치라고 합니다. 저를 포함한 많은 엄마들이 이런 실수를 범하고 있습니다. 뭔가 잘못된 방향으로 가고 있지 않은지 깊이 생각해보고 다시 한 번 신중히 점검해봐야 할 때입니다.

요즘은 엄마들이 다양한 정보나 부모 교육을 통해 점점 깨어나고 있다고 하지만, 아직도 많은 엄마들이 자신의 가치관과 신념으로 자녀를 양육하고 있습니다. 엄마의 성격이 있듯이 자녀에게도 고유한 성격이 있다는 것을 인식해야 합니다. 나와 다를 뿐 자녀의 성향이 잘못되고 틀린 것은 아닙니다.

나를 알고 상대를 알면
에니어그램을 공부하면 먼저 자신의 성격을 이해할 수 있을 뿐 아니라 나와 다른 성격이 있다는 것을 알게 돼 자녀와의 관계가 많이 좋아집니다. 즉, 나의 성격과 자녀의 성격이 다르다는 것만 인정해도 많은 부분을 이해하고 그동안의 갈등을 해결하는 실마리를 찾을 수 있습니다. 에니어그램의 9가지 성격유형은 제각기 기본 신념이 다르기 때문에 어떤 사람이 생각하고 느끼고 행동하는 무의식적·자동적인 패턴을 발견할 수 있는 것이지요.

저를 포함해 많은 엄마들이 에니어그램을 공부한 뒤 삶에 많은 변화가 일어났다고 말합니다. 저와 함께 공부한 지인의 경우 자신과 성격이 비슷한 자녀의 무책임과 말도 안 되는 초긍정적 자신감을 매우 못마땅하게 여겼습니다. 자녀를 통해 자신의 부정적인 모습을 보았던 것이지요. 그래서 늘 잔소리를 하니 갈등이 쌓여가는 것은 불을 보듯 뻔했습니다.

그런데 성격 유형을 공부한 뒤로 그녀는 자신을 이해하고 자신과 같은 자녀의 성격도 이해하게 되었습니다. 나아가 자신이 그랬듯이 일정 시간이 지나면 자신의 자녀도 자리를 잡아가리라는 믿음으로 기다릴 수 있는 엄마가 되었습니다.

그녀의 자녀는 지금 자신의 정체성을 찾고 자신에게 맞는 진로도 찾아가고 있습니다. 만약 자신을 모르고 자녀를 몰랐다면 보통의 엄마가 그렇듯 공부, 공부를 외치며 몰아붙였을 것이라고 그녀는 고백합니다.

이렇듯 저를 포함한 많은 엄마들이 자신의 성격을 알고 자녀의 다름을 이해하니 좀 더 장기적인 안목에서 자녀를 바라보고 교육할 수 있게 되었습니다. 에니어그램 공부는 엄마 자신뿐만 아니라 자녀의 강점과 재능, 적성을 찾아가는 데 많은 도움을 줍니다. 무엇보다 자녀를 믿고 기다려줄 수 있게 됩니다.

성격을 알면
숨은 의도가 보인다

성격 유형을 알면 예측 가능해지는 것들

자녀와의 갈등은 대부분 엄마가 자신을 잘 모르고 자녀의 성향을 제대로 파악하지 못한 데서 비롯되었다는 것을 알고 난 뒤에는 어떻게 될까요? 엄마와 자녀의 성격이 다르다는 것을 알기에 자녀의 생각과 행동을 이해하기 시작할 것입니다. 물론 인간은 신이 아니므로 상대를 다 안다고 하면 자만이겠지요. 우리 속담에 "열 길 물속은 알아도 한 길 사람 속은 모른다"는 말이 있습니다. 그만큼 사람 속을 알기는 어렵습니다. 하지만 에니어그램 성격 유형을 알면 큰 흐름을 읽을 수는 있습니다. 즉, 어떻게 생각하고 어떻게 느끼는지, 어떤 행동을 할지 예측이 가능해집니다.

지연이는 조용하고 말수가 적으며 행동 스타일이 조심스러운 아이입니다. 집에서도 있는 듯 없는 듯 존재감이 없을 정도입니다. 학교 끝나고 집에 오면 엄마가 해주는 간식을 먹고 자기 방으로 들어가 조용히 할 일을 합니다. 좀처럼 방 밖으로 나오지 않고 하루 종일 방에서 책을 읽거나 뭔가를 골똘히 생각합니다. 엄마는 차분하고 늘 독서를 하는 지연이가 마음에 들기도 하지만 한편으론 사회성이 부족한 것 같아 걱정도 했습니다. 지연이는 학원에도 가지만 웬만해선 친구들과 어울리는 법이 없고, 주로 혼자 지내면서도 크게 불편해하거나 힘들어 하지 않았습니다.

나중에 알고보니 지연이는 혼자 있기를 좋아하고 생각하고 탐구하는 성격이었습니다. 엄마는 지연이의 성격을 알고는 딸이 왜 그렇게 집에서도 자기만의 공간을 주장했는지 이해할 수 있었습니다. 그 뒤로 엄마는 지연이의 성격을 답답해하거나 걱정하기보다는 친구관계를 좀 넓히도록 다양하게 소그룹 활동을 할 기회를 만들어주었습니다.

제 딸아이는 친구관계가 좋은 편입니다. 항상 주변 친구들에게 필요한 것이 없나 살피고, 누가 힘들어 하거나 어려운 일이 생기면 먼저 다가가 도와주곤 합니다. 초등학교 1학년 미술시간에 만들기를 할 때는 머뭇거리고 있는 친구를 도와 과제를 완성해주느라 정작 자신은 시간이 부족해 대충 마무리를 했던 일도 있습니다. 딸아이는 친구의 부탁을 거절하지 못해 힘들어도 참고 도와주곤 합니다. 남들에게 친절한 아이, 착한 아이라는 인정을 받고 싶어 하는 관계지향적 성격이기 때문이지요.

제 눈에는 딸아이가 친구들에게 친절하고 도움을 주는 것이 좋아 보이면서도 남의 눈치를 너무 많이 보고 자기주장을 하지 못하는 것은 마음에 들지 않았습니다. 그런데 딸아이의 성격을 알고 난 뒤로 단점을 지적하기보다는 "타인을 도와주고 친절한 것은 좋은 일이지만, 그보다 너 자신이 더 소중하단다" 하고 말해주었습니다.

현태는 또래에 비해 덩치도 크고 좀 과하다 싶을 만큼 활동적인 아이입니다. 놀이도 조용히 앉아서 하는 퍼즐 같은 것보다 자동차나 로봇을 가지고 군인, 경찰관 등 역할놀이 하는 것을 좋아합니다. 당연히 소리도 크고 행동반경도 넓지요. 특히 엄마가 이래라저래라 하는 것을 아주 싫어하고, 자기 마음에 안 들면 "나 안 할 거야" 하고 소리를 지르거나 고집을 부립니다. 어릴 때 떼를 쓰고 우는 현태에게 엄마가 그만 울라고 하자 "그만 울려고 했는데 엄마가 그만 울라고 해서 더 울 거야" 하고 어깃장을 놓기도 했다고 합니다. 한마디로 자기주장이 강하고 적극적이며 상황을 스스로 이끌어가는 강한 유형의 아이지요.

현태 엄마도 처음에는 자녀의 성향을 몰라 다른 사람의 입장을 생각지 않고 제멋대로 행동하는 현태가 버거웠다고 합니다. 그런데 에니어그램을 공부한 뒤 누구에게도 통제나 지시를 받고 싶어 하지 않는 현태를 이해하고, 잔소리를 하는 대신 자녀를 믿고 기다려준다고 합니다.

성격 유형을 알면 이해되는 것들

자녀들의 행동은 각자의 성격 유형에서 오는 특성에 따른 것입니다. 또한 그 행동을 좀 더 자세히 들여다보면 각 유형의 욕구가 담겨 있다는 것을 알 수 있습니다. 그만한 이유가 있다는 것이지요.

지연이는 알고 싶거나 궁금한 게 있으면 어떻게든 알아야 합니다. 자료를 찾거나 궁금한 것을 탐구해 해결해야 만족감과 심리적 안정감을 느끼는 성격이지요. 제 딸아이의 경우, 사람과의 관계를 중요시하고 항상 자신은 친절하고 착한 아이라는 말을 들어야 안정감을 찾는 유형입니다. 또한 현태는 독립적으로 상황을 지배해서 자기 뜻대로 행동해야 편한 성격입니다.

이렇듯 자녀의 행동 이면에는 근본적인 욕구가 자리하고 있습니다. 자녀의 성격 유형을 몰랐을 때는 왜 그렇게 행동하는지 이해가 되지 않았을 것입니다. 하지만 성격 유형의 특성을 알면 자녀의 행동이 이해되고 그 행동의 근원적 욕구가 무엇인지도 알게 됩니다. 나아가 자녀의 행동에 대해서도 유형별 대처 방법을 찾을 수 있습니다.

이제는 자녀의 행동을 무조건 잘못된 것으로 보지도 말고 지나치게 걱정하지도 맙시다. 자녀의 행동에 문제가 있다고 덜컥 겁부터 먹지 말자는 것입니다. 자칫하다가는 성격 유형에서 오는 특성을 지나치게 해석해 병적으로 오해할 수도 있기 때문입니다.

이제 엄마들이 자기 자녀를 알고 사소한 일은 엄마 스스로 해결할 수 있습니다. 이것은 불가능한 이야기가 아닙니다. 나를 알고 자녀를 이해하려고 노력하면 길이 보일 테니까요.

자녀의 강점과
자원이 보인다

타고난 재능과 소질을 찾아서

모든 자녀는 저마다 개성 있는 기질을 가지고 태어납니다. 즉, 선천적 소질과 재능을 타고나는 것입니다. 많은 학자들은 이들의 독특한 선천적 성향이 인생에 대한 접근 방식을 결정짓는다고 주장합니다. 누구나 남과 구분되는 외적인 부분과 내적인 부분이 다르듯 자기만의 개성, 자신만의 성격이 있는 것입니다.

성격에는 좋고 나쁨이 없지만 각 성격 유형의 특성에 따른 장점과 단점은 있습니다. 그런데 이에 대해 사람들은 두 가지 부류로 나뉩니다. 어떤 부류는 자신의 강점을 알고 긍정적으로 사고하고, 또 다른 부류는 자신의 단점만 보고 부정적으로 사고합니다. 많은 자기계발서는 자신의 강점을 최대한 살리고 긍정적으로 사고하라고 말합니다. 그런데 자신을 잘 모르면 자신의 강점을 찾기도 어렵습니다.

몇 년 전 EBS에서 인간의 지능에 대한 다큐멘터리를 방영한 적이 있습니다. 인간의 8가지 지능이 있는데, 성장을 위해서는 이 8가지 지능이 조화를 이뤄야 한다는 내용이었습니다. 또한 각각의 인간은 어느 한 부분이 발달하므로 자신의 탁월한 지능을 개발해야 한다는 내용도 있었습니다. 그러려면 자신을 알아야 합니다. 즉, 8가지 지능 가운데 가장 우선되는 것이 자기이해 지능인 것입니다.

그런데 의외로 많은 사람들이 자신의 장단점을 너무 모르는 것 같습니다. 그렇다면 엄마는 자녀의 강점과 자원을 어떻게 찾아야 할까요? 먼저 자녀의 성격을 알아야 합니다. 엄마가 자녀의 성격을 알면 최적의 양육 환경을 어떻게 만들 것인가를 고민하고 자기 나름대로 준비할 수 있습니다. 자녀의 재능을 최대한 끌어낼 수 있도록 자극하는 최적의 활동을 어떻게 준비해야 하는지 알 수 있는 것입니다.

자녀의 성격은 행동방식과 관련이 있기 때문에 커가면서 자신의 감정과 행동을 통해 드러납니다. 지금부터라도 자녀의 행동이나 말, 태도 등을 꼼꼼히 관찰해봅시다. 자녀가 무엇을 가지고 어떤 놀이를 하는지, 친구와 어떻게 관계를 맺는지 잘 살펴봅시다. 또 무엇을 할 때 좋아하거나 집중하는지, 자녀가 어떤 행동을 하는지, 어떻게 느끼고 말하는지도 세심하게 관찰해야 합니다. 자녀의 말투 하나하나, 행동 하나하나가 내면에서 나오는 것이기 때문입니다. 이렇게 관찰하다보면 분명 자녀가 잘하는 것이 무엇인지, 부족한 점은 무엇인지 알게 될 것입니다. 에니어그램이 우리에게 실마리를 제공하므로 분명 자녀의 성격 유형을 파악할 수 있을 것입니다.

우리는 자녀의 유형에서 힌트를 얻어야 합니다. 설사 자녀의 행동이 못마땅하더라도 인내심을 가지고 지켜봐야 합니다. 즉, 자녀를 있는 그대로 보고 수용해야 한다는 뜻입니다. 찬찬히 지켜보면 분명 자녀가 몰입하는 것, 좋아하거나 잘하는 것이 눈에 들어올 것입니다. 자녀가 좋아하고 잘하는 것을 발견하면 이를 키워주고 적극 지원해주는 것이 바로 엄마가 할 일입니다.

자녀의 잠재력을 계발시키는 대범한 엄마

먼저 자녀의 성격 유형을 파악하고, 자녀의 장점은 물론 단점까지 있는 그대로 수용하고 인정하는 것이 핵심입니다. 에니어그램의 9가지 성격 유형을 알면 각 유형의 장단점을 파악하게 되고, 자녀의 성격 유형에서 자녀가 가진 잠재력을 발견하게 될 것입니다.

현실을 만드는 것은 우리의 생각입니다. 즉, 어떻게 사고하느냐에 따라 현실이 달라집니다. 긍정적 신념을 가지면 긍정적인 일이 생깁니다. 사고가 현실이 되는 것이지요. 그렇기 때문에 우리 엄마들은 자녀에 대해 긍정적 신념을 가져야 합니다.

단점을 부족한 점이라 생각지 말고 성장시켜야 할 분야라고 긍정적으로 말합시다. 긍정적인 생각을 하고 긍정적인 말을 하는 것만으로도 긍정의 에너지를 끌어당길 수 있기 때문입니다. 자녀가 재능을 펼치는 방식은 타고난 성격과 주요 양육자인 엄마의 후천적 양육 방식에 따라 좌우되므로 엄마의 긍정적 신념과 태도는 매우 중요합니다.

우리의 자녀들은 할 수 있다는 자신감을 가지고 자신이 잘하고 좋아하는 것을 할 때 자신의 미래에 대해 긍정적인 계획을 세울 수 있습니다. 자녀의 역량은 자신이 하고 싶은 것이 무엇인지 생각하고 소신껏 행동할 때 발휘됩니다. 즉, 자녀의 소질과 재능을 찾아 강화시켜주는 것이 바로 자녀의 역량을 발달시키는 방법입니다.

기분이 좋고 긍정적인 생각과 정서로 가득할 때 자녀는 미래의 청사진을 그릴 수 있습니다. 이제 엄마들이 할 일은 자녀의 성격 유형을 알아 자녀를 이해하고 자녀가 좋아하는 일을 하도록 그대로 지켜보는 것입니다. 그리고 심리적 지지와 물리적 지원을 해줍시다. 자녀를 신뢰하고 인정함으로써 긍정적인 존중, 즉 자존감을 키워줄 수 있습니다.

많은 엄마들이 공부에 목을 매고 자녀가 공부 외에 다른 것을 하면 매우 불안해합니다. 이제는 엄마들도 대범해질 필요가 있습니다. 두둑한 배짱을 가져야 합니다. 만약 자녀가 공부를 좋아하고 재미있어 하며 성취감을 느낀다면 적극 지원해주세요. 하지만 공부 외에 다른 것을 좋아한다면 믿고 기다려줘야 합니다. 그렇게 자녀의 강점을 파악하면 자신감을 키워주는 데 도움이 되기 때문입니다.

자녀의 행복한 미래를 위해

사람은 누구나 좋아하는 일을 하면 신나고 행복해합니다. 성공한 사람들의 특징 중 하나는 자신이 좋아하고 즐거워하는 일을 한다는 것입니다. 다음 장에서도 언급하겠지만, 이제 공부만 잘한다고 해서 모두 잘되는 때는 지나갔습니다. 우리는 급변하는 시대에 살고 있습니다. 우리 자녀들이 살아갈 세상은 지금과 아주 다를 것입니다. 그러므로 자녀를 미래 인재상에 걸맞은 사람으로 키워내야 합니다.

자녀의 강점과 자원을 발견하는 것은 그리 어렵지 않고, 자녀의 성격 유형에 맞는 진로를 찾는 일도 조금만 신경 쓰면 보일 것입니다. 엄마가 에니어그램을 공부하면 분명 어떤 실마리를 찾을 수 있습니다. 엄마는 자녀의 자존감과 역량을 키워주고, 자녀가 진정으로 행복한 삶을 살 수 있게 도와주고 지원해주어야 합니다. 그것은 자녀의 강점을 찾아내서 이를 최대한 발휘할 수 있도록 적극적으로 도와주면 가능합니다.

부지런한 엄마가
맞춤식 교육에 성공한다

성격 유형에 따른 맞춤식 교육

사실 저를 포함한 많은 엄마들이 첫아이를 임신한 뒤 임신과 육아에 대한 책을 미리 사서 열심히 공부했을 것입니다. 임신부는 태교에서부터 임신 중 태도 및 태아나 산모의 건강, 출산준비 등에 대해 자기 나름대로 공부하며 준비합니다. 그런데 막상 출산하고 아이를 키우다보면 공부하는 게 쉽지 않습니다. 또 이론과 실제가 같지 않아 좌충우돌 시행착오를 겪기도 합니다. 그래서 육아책도 찾아보고 친정엄마나 주변 경험자에게 도움도 청하게 됩니다.

아이가 점점 자라 걷고 말하기 시작하면서 상황은 더 어려워집니다. 그나마 어릴 때는 부모의 스타일대로 키울 수 있지만, 점점 자기주장이 강해지고 사고하며 감정을 느끼는 시기가 되면 그것도 만만치 않은 게 현실입니다. 이제 아이는 엄마 생각대로 문제없이 자라주지 않습니다. 감정적·정서적 문제와 인지적 문제 등으로 엄마와 자녀가 부딪치는 경우는 한두 가지가 아닙니다. 이것은 엄마가 자녀를 사랑한다고 해서 해결되는 일이 아닙니다.

어떻게 교육하고 어떻게 대해야 할지 막막할 때 엄마들도 이젠 공부를 해야 합니다. 공부하면 자녀의 성격을 알고 맞춤식 교육에 활용할 수도 있습니다. 틀에 박히고 실천하기 어려운 이상적 육아법보다 내 자녀의 근본적인 성격 유형에 맞춘 교육이 더 효율적인 것은 당연합니다.

자녀 교육에 연습이란 있을 수 없습니다. 왕도 또한 없습니다. 내 자녀가 좋아하고 행복해하는 방법이면 되는 것입니다. 이제는 엄마도 뚜렷한 주관을 가지고 교육을 해야 합니다. 내 아이는 옆집 아이와 성향이 다르며, 장점도 단점도 다릅니다. 그러니 옆집 아이가 무슨 교육을 받든 휩쓸리지 맙시다.

세상의 모든 엄마는 자식을 위해서라면 이 세상 누구보다 힘세고 용감하며 위대한 존재입니다. 내 아이의 미래를 위해서, 내 아이의 성공적인 삶을 위해서 이제는 엄마가 적극적으로 배워야 합니다. 그럼으로써 자녀문제를 엄마 스스로 해결하는 지혜를 얻을 수 있습니다.

자녀 유형에 어울리는 교육법

사람들은 자기만의 기준으로 세상을 살아갑니다. 저 역시 마찬가지입니다. 엄마든 자녀든 사람은 누구나 타고난 기질이 다릅니다. 또한 세상을 보는 방식도 제각각이기 때문에 거기에 맞춰 엄마도 자녀 교육법과 양육법을 달리해야 합니다.

예를 들어 친구와 놀이를 하거나 대화를 할 때, 공부를 할 때도 아이들의 유형이 구분됩니다. 어떤 아이는 적극적이고 긍정적인 마인드로 무슨 일이든 척척 결과물을 내놓습니다. 이 아이는 주변의 칭찬이나 관심에 예민하고, 무슨 일이든 혼자 하기보다는 함께 활동하는 성향이 강합니다. 또 다른 아이는 앞장서서 리더 역할을 해내며, 자기 할 일을 스스로 알아서 합니다. 그런가 하면 혼자 조용히 책을 보거나 공부하며 궁금증을 풀어내는 유형도 있습니다.

만약 조용하고 내성적이며 혼자 생각하고 연구하기를 좋아하는 유형의 자녀에게 그룹에서 리더가 되기를 바라거나 앞에 나서서 적극적으로 활동하기를 바란다면 자녀는 부담스러워할 것입니다. 이처럼 자녀의 기질이나 성향은 모두 다르므로 자녀의 유형에 적합한 지도법을 찾아야 합니다. 자녀의 성격 유형을 알면 장단점을 파악해서 성향에 어울리는 교육을 할 수 있습니다.

늘 혼자 있기를 좋아하는 유형의 자녀에게는 어려서부터 그룹으로 활동하는 학습 모임이나 그룹별 체험 활동에 참여할 수 있도록 엄마가 신경을 써주는 것이 좋습니다. 또한 아주 활동적이고 자기주장이 강한 자녀의 경우에는 운동을 시켜서 에너지를 건강하게 발산할 수 있도록 지도하는 것도 좋은 방법입니다. 이렇게 자녀의 성격 유형에 어울리는 교육으로 엄마도 자녀도 스트레스를 줄일 수 있습니다.

지금도 많은 엄마들이 자녀의 성공적인 삶을 원하며 자신의 틀과 기준에 따라 자녀를 양육하고 있습니다. 성공적 삶이란 눈에 보이는 것을 성취하거나 자신이 원하는 것뿐 아니라 자신이 좋아하고 원하는 것을 할 때 이루어집니다. 즉, 자신의 성격을 충분히 활용해 장점과 능력을 최대한 발휘할 때 비로소 진정한 행복을 느낄 수 있습니다.

활동적이고 진취적인 성격의 자녀에게 부모가 실험실에서 연구하기를 강요한다면 자녀는 결코 그 일에 흥미를 느낄 수 없을 것입니다. 그보다는 적극적으로 자신의 능력을 발휘할 일을 찾는 것이 더 현명한 자세입니다.

성향에 따른 진로 적성과 선호 직업

엄마들은 누구나 자녀들이 성장해 자기 할 일을 찾고 능력을 최대한 발휘하며 살기를 바랍니다. 자녀의 장래는 모든 엄마들의 공통 관심사입니다. 저는 엄마의 요구대로 진로를 정했다가 나중에 직업을 바꾸는 경우를 종종 보았습니다. 사실 중간에라도 자신을 찾을 수 있다면 그 경우는 그나마 다행입니다. 우리 주변에서는 지금도 많은 사람들이 자신의 성향과 맞지 않는 삶을 살아가고 있습니다.

이제는 엄마들이 자녀의 성향을 잘 파악해 미래에 자신의 역량을 마음껏 발휘하며 살 수 있도록, 자신과 어울리는 직업을 찾아 즐겁게 살 수 있도록 도와주어야 합니다. 우리의 자녀가 장차 날개를 달고 훨훨 날 수 있도록 해야 합니다. 자녀가 적성과 재능을 발휘할 수 있느냐 없느냐는 엄마에게 달려 있다는 것을 기억합시다.

지혜로운 엄마는
미래의 흐름을 읽는다

변화하는 미래 인재상

"십 년이면 강산이 변한다"는 말은 아주 오래전 이야기가 되어버렸습니다. 요즘은 자고 나면 뭔가 새로 생기고 또 금세 사라져버립니다. 그러니 세상이 획기적으로 변한다고 하는 게 더 맞을 것입니다. 사실 우리 부모 세대의 세상과 우리 자녀가 활동하는 세상이 다르다는 것은 엄마들도 잘 압니다.

많은 미래학자들이 10년 후, 20년 후의 세계를 예상합니다. 그 안에는 사람이 하는 일 가운데 많은 부분을 기계가 대체하게 될 것이고, 미래의 인재상이 달라질 것이라는 내용도 담겨 있습니다. 사실 사람들은 현실에 직면해야 피부로 느끼기 때문에 이 내용을 아직 실감하지 못하지만, 자녀의 미래를 위해 에니어그램을 공부한 엄마들이라면 미래 인재상이 어떻게 변하고 있는지 관심을 가져야 합니다.

현재 우리나라는 청년실업 문제로 골머리를 앓고 있습니다. 한 조사의 통계에 따르면 지난 몇 년간 국내 30대 대기업의 매출은 늘었지만 인사 채용은 오히려 줄었다고 합니다. 또 앞으로는 청년 중 1.2%의 최상위만 대기업에 취업한다는 예상 통계도 나와 있습니다.

문제는 여기서 그치지 않습니다. 2020년 이후에는 일자리가 더욱더 줄어들 것이라고 합니다. 일자리의 대부분을 기계가 차지할 것이기 때문입니다. 학자들은 향후 20년간 약 500만 개 정도의 일자리가 사라질 것으로 예측하고 있습니다. 인간과 기계가 일자리 전쟁을 벌이게 된다는 뜻이지요. 그렇게 되면 일부는 창업을 하거나 직업 안정성과 연금제도 등으로 노후가 보장되는 공무원이나 교사를 선호하게 될 것으로 보입니다.

또한 현재의 많은 업종이 사라지고 기계가 대체할 수 없는 직종만 살아남게 될 것입니다. 인공지능 관련 업종과 로봇 관련 업종 그리고 사물인터넷 같은 IT 분야에서 새로운 일자리가 창출될 것이고, 사람과 컴퓨터가 함께하되 사람이 중심이 되는 일자리도 생겨날 것입니다.

결국 '평생직장'이라는 말은 옛말이 된 가운데 사람들은 인공지능과 경쟁을 벌이게 될 것으로 예측합니다. 물론 경쟁관계도 있겠지만, 좀 더 넓은 관점에서 살펴볼 필요도 있습니다. 즉, 인공지능을 인간의 풍요로운 삶을 위한 활용 대상이나 공존 대상으로 보는 유연한 사고가 필요하다는 것이지요. 지혜로운 엄마라면 이러한 미래의 흐름도 읽을 줄 알아야 합니다.

먼저 자신을 알자

미래에는 어떤 인재가 통할까요? 대한민국을 이끌어갈 인재는 이제 공부만 잘해서는 안 됩니다. 미래에는 공부도 잘하는 통합형 인재가 필요할 것이기 때문입니다. 통합형 인재가 갖춰야 할 첫 번째 조건은 모든 문제의 기본 중 기본인 자기이해이며, 다음은 창의적 사고와 문제해결능력입니다. 여기에 인간관계에서의 소통능력, 자기주도력이 필요하며 인성지능은 필수라고 합니다.

많은 학자들은 무엇보다 필요한 것이 바로 '나는 누구인가'의 문제, 즉 자기를 아는 것이라고 말합니다. 즉, 자신이 타고난 기질과 성향을 있는 그대로 수용하고 자신의 장점과 잠재력을 발굴해야 한다는 것입니다. 그렇기 때문에 엄마가 에니어그램을 공부해 엄마 자신과 자녀를 아는 일이 무엇보다 중요합니다. 엄마가 먼저 배워서 변한 뒤 자녀의 성격을 이해해 자녀의 강점을 발견하는 것, 이것이야말로 미래의 인재를 키우는 필수 조건인 것입니다.

거듭 말하지만, 이제 엄마가 공부해야 합니다. 자녀의 미래를 위해서 엄마가 먼저 공부하고 변해야 합니다. 공부 이야기만 나와도 머리 아프다고 고개를 젓는 엄마들이 있는데, 어려운 이론공부가 아니니 걱정할 것 없습니다. 변하겠다는 의지만 있으면 가능합니다. 그러면 나 자신을 돌아보고 내 자녀를 있는 그대로 보게 될 테니까요.

믿고 기다려주기

다양한 분야에서 성공한 사람들에게 물어보면 대부분 자신이 좋아하는 일을 즐거운 마음으로 하다보니 좋은 성과가 나왔다고 말합니다. 즉, 성공한 사람들의 공통점은 자신이 원하는 일을 했다는 것입니다. 누군가가 시켜서 한 게 아니라 스스로 선택했다는 것이지요.

자녀를 성공시키려면 우리 엄마들도 믿고 기다려주는 지혜를 발휘해야 합니다. 그러려면 먼저 자녀의 성향을 알아야 합니다. 엄마가 자녀의 성격을 알면 자녀를 이해하게 되고, 그렇게 되면 자녀도 편하게 자기가 좋아하는 것을 찾아낼 것입니다. 엄마는 그저 믿고 기다려주기만 하면 됩니다.

엄마의 잣대로 강요하지 않고 자녀의 장점을 찾아 자녀가 그것을 활용해 원하는 길을 갈 수 있도록 옆에서 안내하고 도와주는 것. 이것이 바로 진정한 부모 역할이 아닐까요?

자녀의 성격을 있는 그대로 보고, 인내심을 가지고 믿고 기다리며 도와주는 엄마가 됩시다.

2장

에니어그램
잘
이해하기

에니어그램의
이해

자아의 구조

에니어그램은 인간의 성격 유형을 말합니다. 엄마들은 에니어그램이라는 도구를 통해 자신이 어떤 성격인지 알 수 있습니다. 에니어그램은 세상을 바라보고 경험하는 각도도 알려줍니다. 엄마 자신이 어떻게 생각하고, 어떻게 느끼며, 어떻게 행동하는지 알 수 있는 무의식적 패턴을 명쾌하게 보여주기 때문입니다. 일단 에니어그램을 통해 자신의 무의식적 패턴을 발견하면, 즉 자아의 구조를 인식하게 되면 우리 엄마들에게는 선택권이 생깁니다. 자신의 무의식적 집착을 내려놓음으로써 그동안 자신을 힘들게 했던 많은 고통을 극복할 수 있는 것입니다.

에니어그램을 이해하게 되면 인생의 성공과 행복의 가장 중요한 변수인 감정지능과 사회지능이 특히 높아집니다. 나를 알고 상대를 이해하기 때문입니다. 에니어그램의 유래와 의미를 알고 나면 에니어그램에 대한 이해가 좀 더 빨라질 것입니다. 이론을 바탕으로 해서 실질적인 경험을 쌓으면 자신을 알아가는 데 많은 도움이 될 테니까요. 다음에서 에니어그램에 대해 간략하게 설명하려고 합니다. 이 내용은 에니어그램을 이론적으로 이해하고 자신을 찾아가는 데 도움이 될 것입니다.

에니어그램의 어원과 역사

에니어그램이란 아홉 개의 점으로 이루어진 그림이라는 뜻으로 그리스어에서 어원을 찾을 수 있습니다. 에니어ennea는 아홉을 뜻하고, 그램gram은 그라모스grammos에서 나온 것으로 점 또는 그림이라는 뜻입니다. 즉, 에니어그램은 9가지로 이루어진 인간의 성격 유형과 각 유형의 연관성을 표시한 기하학적 도형을 말합니다. 에니어그램의 기원은 고대로부터 전래된 것으로 현대에 와서 통합시켰습니다. 즉, 에니어그램은 고대의 수많은 전통적 지혜에 현대 심리학을 접목시켜 인간의 성격 분류 체계로 정리, 발전시켜 왔습니다.

1920년대에 에니어그램의 상징을 서구사회에 처음 소개한 사람은 러시아의 신비주의학자 게오르게 이바노비치 구르지예프George Ivanovich Gurdjieff(1874~1949)였습니다. 그 뒤 1970년대에 정신과 의사 오스카 이차조Oscar Ichazo와 심리학자이자 정신과 의사인 클라우디오 나란조Claudio Naranzo가 현대 심리학을 추가해 에니어그램의 기본 원형을 만들어 성격 심리학으로 발전, 전파시켰습니다. 1990년대 이후 돈 리처드 리소^{Don Richard Riso}는 각 유형의 발달 수준을 밝혀내서 에니어그램의 심층적 성격 유형론으로 발전시켜 전 세계에 널리 보급시켰습니다.

이렇게 동서양의 지혜가 담긴 에니어그램은 미국에서 가장 많이 보급되고 가장 활발히 활용되고 있습니다. 에니어그램은 영적 수련뿐만 아니라 심리상담, 학교 교육, 노사관계, 인사관리, 비즈니스 등 다방면에 접목돼 활용 중입니다.

우리나라에는 1990년대 이후 소개돼 종교계, 교육계, 상담계, 비즈니스계 등에 활발히 보급되었습니다. 명지대학교 산업대학원에서는 2013년 봄학기부터 대한민국 최초이자 세계 최초로 에니어그램 상담심리 전공 석사 과정을 개설했습니다.

에니어그램 도형의 세 가지 상징

Enneagram Symbol

에니어그램의 상징은 세 가지 요소인 원, 삼각형, 헥사드가 결합된 것을 말합니다. 즉, 전체성을 뜻하는 원과 세 가지 힘의 중심을 상징하는 삼각형이 상호작용을 해서 어떤 결과가 나왔는지, 또 역동적으로 살아 움직이는 헥사드를 통해 어떤 규칙으로 계속 변화하고 진화하는지를 보여줍니다.

원은 시작도 끝도 없이 계속 돌고 도는 것으로 우주의 만다라, 즉 통합과 전체, 단일성을 뜻합니다. 이는 본질에 대한 통합의 길을 상징합니다. 즉, 모든 것은 하나이고 분리가 없는 전체를 말합니다.

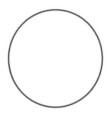

우주의 만다라 (통합과 전체성)

원 안의 삼각형은 존재하는 모든 것에는 세 가지 힘이 상호작용한다는 의미로 안정, 조화와 균형, 에너지의 원천을 상징합니다. 즉, 어떤 변화든 변화가 일어나려면 세 가지 힘이 필요하다는 뜻입니다.

우주의 세 기운 (조화와 균형)

우주기운의역동 (변화와진화)

　원 안의 헥사드는 이 세상에 존재하는 모든 것은 정체되지 않고 일정한 규칙에 따라 역동적으로 움직이고, 변화하고, 재생되며, 진화한다는 것을 상징합니다. 즉, 모든 변화 과정에서 일어나는 것을 설명해줍니다.

에니어그램을
공부하는 목적과 주의할 점

에니어그램을 공부하는 목적

에니어그램의 역사와 의미를 알았다면 엄마들이 다음으로 꼭 알아야 할 것이 바로 에니어그램을 공부하는 목적입니다. 즉, 단순히 에니어그램 성격 유형의 특징만 아는 데 그칠 것이 아니라 에니어그램을 공부할 때 어떻게 이해하고 받아들여야 할지 생각해봐야 한다는 뜻입니다. 에니어그램을 공부하는 목적과 함께 주의할 점을 알아 진정한 변화를 위해 에니어그램이 의도하는 바를 제대로 이해하는 것이 중요합니다. 즉, 엄마 자신이 변화하고 발전할 수 있도록 에니어그램의 진정한 목적을 살펴보고 의미 있게 공부할 필요가 있습니다.

종종 사람들이 성격 부분에만 치중하는 것을 봅니다. 물론 처음에는 성격 유형의 특성을 이론적으로 아는 것이 많은 도움이 됩니다. 하지만 에니어그램은 오랫동안 많은 사람들이 사용해온 지혜의 도구이기 때문에 공부가 깊어지면 자신의 무의식적 성격 패턴을 알아차려 자신을 성장시키는 것은 물론 더 나아가 상대를 이해할 수 있게 됩니다.

에니어그램은 깊은 통찰 도구로 인간을 이해하는 것입니다. 즉, 에니어그램을 공부하는 주된 목적은 성격 분류가 아니라 인간의 마음과 타고난 본성을 연구하는 데 있습니다. 자신의 성격 유형을 알면 자기 자신을 좀 더 잘 이해할 수 있게 됩니다. 우리는 자아발견으로 자신의 강점과 부정적인 면을 깨닫고 있는 그대로 받아들임으로써 그동안 자신을 얽어매고 있던 구속에서 벗어나 자유로워질 수 있습니다. 자신도 모르게 부정적으로 움직이게 만드는 성격 유형의 핵심 토대인 '고착화된 신념'을 찾아내서 극복하는 것입니다. 그러려면 행동의 근원인 각 유형의 집착을 자각하고 자신의 핵심적 문제를 있는 그대로 다뤄야 합니다.

에니어그램은 나를 알고 타인을 깊이 이해할 수 있는 도구로서 자기 자신을 이해하는 것이 우선입니다. 자신의 생각과 느낌, 행동 패턴을 발견해서 무의식적·자동반사적 반응을 멈추게 하는 것입니다. 에니어그램은 또한 나와 다른 상대를 이해하고 수용해 성숙한 인간관계를 맺게 해줍니다. 내가 아닌 다른 사람의 다양한 성격을 이해하고 각 유형마다 행동 동기가 다르다는 것을 알면 상대를 깊이 이해할 수 있기 때문입니다.

동기는 달라도 목표는 같다

에니어그램을 배우는 동기는 사람마다 제각각입니다. 사는 게 너무 힘들어서 원인과 해결책을 찾으려고 배우는 사람도 있습니다. 또 어떤 사람은 에니어그램 전문가가 되기 위해서, 어떤 사람은 자녀와의 갈등 때문에 에니어그램을 배웁니다. 자녀를 이해하고 성공적으로 양육하기 위해서 배우기도 합니다. 이유가 무엇이든 상관없습니다. 9가지로 이루어진 성격 유형은 인간을 이해하는 데 분명 도움이 될 것입니다.

그런데 에니어그램을 공부하다보면 자기 자신이 싫어질 때도 있습니다. 자신의 유형을 찾아내 장점을 발견할 때는 기분이 좋고 우쭐해지기도 하지만, 부정적인 부분을 인정하기는 쉽지 않습니다. 그래서 많은 사람들이 부정적인 자신의 모습을 인정하지 못해 에니어그램 공부를 중도에 포기하기도 합니다.

하지만 진정한 변화는 부정적인 자신의 모습을 인정하고 극복함으로써 이룰 수 있습니다. 이것은 제가 경험을 통해 얻은 결론이기도 합니다. 에니어그램 성격 유형으로 보면 저는 8유형에 고착돼 있습니다. 저는 8유형의 파렴치함을 한동안 인정하지 못했는데, 시간이 지나고 저 자신의 깊은 내면을 들여다보면 볼수록 인정하고 싶지 않은 파렴치함이 있다는 것을 알게 되었습니다. 그렇게 인정을 하고 나니 오히려 변화할 수 있는 용기가 생겨났습니다.

엄마들이여, 자신을 있는 그대로 인정하는 용기를 가지십시오. 그동안 무의식적으로 했던 행동의 의미를 알게 될 것입니다. 에니어그램을 배우는 동기는 사람마다 달라도 목표는 결국 변화와 성장을 위해 자신을 있는 그대로 인정하는 것임을 알아야 합니다.

에니어그램에서 주의할 점

에니어그램은 인간의 근본적인 모습을 재발견하도록 도와주는 지도와 같은 도구입니다. 에니어그램을 통해 변화, 성장하기 위해서는 먼저 자신의 유형을 자신이 찾아내야 합니다. 외적으로 드러나는 성격 특징은 타인이 알 수 있지만, 자신의 깊은 내면은 자신이 가장 잘 볼 수 있기 때문입니다. 아울러 다른 사람의 성격 유형에 대해서도 자신의 고정관념이나 선입견으로 쉽게 평가하거나 판단해서는 안 됩니다. 어설픈 지식으로 경솔한 판단을 내리면 상대에게 큰 상처가 될 수 있기 때문입니다.

에니어그램은 9가지 성격 유형의 서로 다른 마음의 동기로 만들어지고 서로 다른 가치 체계로 이루어집니다. 그러므로 같은 상황이나 현상을 접해도 각 유형에 따라 다르게 사고하고, 느끼고, 행동합니다. 따라서 나의 잣대 또는 가치관으로 함부로 상대의 유형을 판단해선 안 됩니다.

또한 나와 다른 사람들의 성격 유형을 있는 그대로 인정해야 합니다. 특히 나와 같지 않다고 질책을 한다거나 나와 다르다는 것을 인정하지 못하고 '틀리다'고 생각해 남을 바꾸려고 해서는 안 됩니다. 사람은 누구도 다른 사람을 바꿀 수 없기 때문입니다. 많은 엄마들이 자녀를 자신과 동일시하는 잘못을 범하곤 합니다. 하지만 자녀는 엄마의 소유물이 될 수 없을뿐더러 독립된 인격체라는 것을 결코 잊어서는 안 됩니다.

3장

에니어그램의
9가지
성격 유형

변화와 성장의 출발점,
성격 유형 검사

인간의 9가지 성격 유형

인간에게 각각 자신만의 성격이 있듯 이 세상에 살아 있는 모든 유기체도 성격이 있습니다. 인간과 친한 동물인 고양이와 개도 각각 그들만의 성격이 있지요. 이처럼 모든 생명체가 가지고 있는 성격은 현재의식에서 표면적으로 드러난다는 특징이 있습니다. 사고하고, 느끼며, 표현되는 인간의 성격은 유전적 성질과 출생 후 성장 배경의 영향을 받습니다. 즉, 성격은 양육 환경 및 사회 상황과 마주치면서 외적으로 드러나게 됩니다.

에니어그램은 인간의 9가지 성격 유형으로 유형마다 각각의 특성을 나타냅니다. 이 장에서는 엄마들이 자신의 성격을 찾을 수 있도록 명지대 산업대학원 에니어그램 연구소에서 발행한 검사지를 통한 진단 방법과 9가지 성격 유형의 특성에 대해 설명할 것입니다. 아무쪼록 자신을 관찰하고 탐구해서 자신이 누구인지 알아가는 데 많은 도움이 되기를 바랍니다.

성격 유형의 명칭과 번호

엄마들이 에니어그램을 공부하다보면 각각의 유형에 도전자, 개혁자 등의 명칭을 붙인 것을 보게 됩니다. 그런데 실제로는 그런 명칭보다 에니어그램 번호를 더 많이 사용합니다. 번호는 중성을 띠기 때문에 아무런 편견 없이 각 유형을 쉽게 부를 수 있기 때문입니다. 아울러 각 유형 번호의 순서는 아무 의미가 없으며, 숫자가 높은 유형이 낮은 유형보다 우월한 것도 아닙니다. 즉, 9번이 5번보다 더 낫지는 않다는 말입니다.

이 책에는 9가지 성격 유형 가운데 8유형부터 설명해놓았습니다. 그 이유는 인간의 성격 유형을 크게 장형, 가슴형, 머리형으로 나누어 설명하기 때문입니다. 장형에는 8·9·1유형이 해당되고 가슴형에는 2·3·4형이, 머리형에는 5·6·7형이 해당되므로 순서대로 다룬 것일 뿐 큰 의미는 없다는 것을 밝혀둡니다.

솔직한 자기탐색

엄마들은 있는 그대로의 자기탐색과 자기인식을 통해 그동안 자신의 주된 문제점이 무엇인지 이해하는 데서부터 시작하게 됩니다. 에니어그램이라는 도구는 엄마가 자신을 찾을 수 있도록 도와줄 것입니다. 이 책의 부록에는 명지대 산업대학원 에니어그램 연구소에서 발행한 9가지 성격 테스트가 포함되어 있습니다. 이 성격 진단지를 통해 9가지 성격 유형 중 엄마의 성격 유형을 알 수 있을 것입니다.

성격을 진단하다보면 자신이 인정하고 싶지 않은 부정적인 부분도 드러날 수 있지만, 있는 그대로 솔직하게 테스트를 해야 합니다. 이 검사지는 누군가에게 보여주기 위한 것도 아니고, 또 평가를 하기 위한 것도 아니기 때문입니다. 그저 자신을 알기 위한 도구라는 점을 잊지 마십시오.

검사지를 통해 엄마 자신의 성격 유형을 알았다면, 이제 9가지 성격 유형의 특성을 통해 자신을 좀 더 심층적으로 알아보도록 합니다. 앞에서도 말했듯이 자신의 성격 유형은 자신이 찾는 것이 가장 좋습니다. 겉으로 드러나는 모습과는 달리 자신의 내면은 자신이 가장 잘 알기 때문입니다. 또한 자신의 성격 유형을 아는 데서 끝나면 안 됩니다. 인간의 성장 과정은 긴 여정이며, 성격 유형의 파악은 변화와 성장의 출발점이기 때문입니다.

에니어그램 성격 유형 검사지 진단법

에니어그램 검사의 목적은 개인마다 타고난 심리적 경향과 후천적 경향이 지니는 성격 유형을 알아내어 자신과 타인을 이해하는 데 있습니다. 즉, 개인의 성장과 가정 및 사회, 학교,

직장, 실생활에 실질적인 도움을 주기 위한 것입니다. 그러므로 성격 유형 검사는 개인의 능력을 평가하는 심리검사가 아닙니다.

에니어그램 검사 방법은 간단합니다. 명지대 산업대학원 에니어그램 연구소에서 발행한 검사지의 문항을 읽고 자신이 자연스럽게 행동하는 경향, 신념, 느낌 등 자신에게 가깝다고 생각되는 정도를 점수로 ECA 스코어카드에 표시하면 됩니다. 이때 자신이 이상적으로 생각하는 것에 답하지 말고 자신이 습관처럼 편안하고 자연스럽게 자주 생각하고 느끼고 행동하는 경향을 점수로 나타내도록 합니다.

이 검사는 엄마의 성격 유형을 파악하기 위한 것일 뿐 정답이 정해져 있는 것이 아니므로 평소 자신의 태도나 감정을 생각해서 질문지 문항에 솔직하게 답하면 됩니다.

다음에서 검사 방법을 구체적으로 알아보겠습니다.

1. 먼저 에니어그램 성격 유형 진단 요령을 읽습니다.
(294쪽 참조)
2. 그런 다음 보기를 참조해 각 문항에 해당하는 점수를 ECA 스코어카드의 표시된 칸 안에 적어 넣습니다.

(보 기)

전혀 아니다　…　1점

아니다 　　　 … 2점

보통이다 　　 … 3점

그렇다 　　　 … 4점

매우 그렇다 　… 5점

　예를 들어 "1. 나는 다른 사람들이 나를 성공한 멋진 사람으로 보길 원한다."에 대해 '매우 그렇다'고 생각하면 다음과 같이 표시된 칸에 5를 적어 넣으면 됩니다.

유형 문항	1	2	3	4	5	6	7	8	9
1			5						

　3. 이와 같은 방식으로 1번 문항부터 90번 문항까지 각 문항에 대한 점수를 쭉 적어 넣습니다.

　4. 90번 문항까지 점수를 다 적었다면 이제 계산할 차례입니다. 1번 문항부터 45번 문항까지의 점수를 세로로 쭉 더해 다음과 같이 유형 소계란에 적어 넣습니다.

유형 문항	1	2	3	4	5	6	7	8	9
…	…	…	…	…	…	…	…	…	…
41				4					
42								4	
43	4								
44									2
45						2			
소계	12	14	19	13	17	16	16	18	10

5. 마찬가지로 46번 문항부터 90번 문항까지의 점수를 세로로 쭉 더해 유형 소계란에 적어 넣습니다.

유형 문항	1	2	3	4	5	6	7	8	9
...	...	...	...	...	...	...	...	...	...
86									3
87				3					
88						2			
89		2							
90							3		
소계	14	17	23	16	14	16	19	17	15

6. 양쪽 소계란에 점수를 다 적어 넣었다면 이제 총계를 계산할 차례입니다. 각 유형별로 소계와 소계를 더해 총점을 총계란에 적어 넣습니다.

예를 들어 1유형의 총계는 12+14=26이므로 26이 됩니다. 이런 식으로 1~9유형의 소계 점수를 각각 더해 유형 총계란에 적어 넣습니다.

유형 문항	1	2	3	4	5	6	7	8	9
...	...	...	...	...	...	...	...	...	...
44									2
45						2			
소계	12	14	19	13	17	16	16	18	10
...	...	...	...	...	...	...	...	...	...
89		2							
90							3		
소계	14	17	23	16	14	16	19	17	15
총계	26	31	42	29	31	32	35	35	25

7. 이제 각 유형별 총계를 비교해 자신의 유형을 확인할 차례입니다. 가장 높은 점수가 나온 유형이 자신의 유형이 되는데, 앞의 표를 보면 3유형이 42점으로 가장 높게 나왔으므로 이 경우는 에니어그램 3유형입니다.

8유형
적극적이고 진취적인 도전자

　도전자라는 명칭이 붙은 8유형 엄마의 성격 특징은 행동우
선주의자라는 것입니다. 이 유형의 엄마는 매사에 자신감이 있
고, '나는 할 수 있다'는 신념으로 자녀 양육을 비롯한 모든 삶
에서 적극적이고 진취적입니다. 어떤 어려움이 닥쳐도 타협하
지 않고 일단 부딪쳐 밀고 나가는 불도저 스타일이지요. 강력
한 카리스마를 갖추었으며, 자녀가 리더십을 가질 수 있게 영
향력을 행사하는 엄마입니다.

　8유형 엄마의 강력하고 지시적인 명령조 언어는 자녀에게
깊은 상처를 줄 수 있으므로 자녀 양육에서 이 점에 특히 신경
을 써야 합니다. 8유형 엄마 스타일은 어떤 특성을 보이는지
다음 내용을 읽고 자신을 알아보기 바랍니다.

용기 있는 리더

8유형은 본능적인 빠른 판단과 신속한 추진력이 강점입니다. 동물적 감각으로 자신감 있게 도전하는 스타일입니다. 다소 무모해 보이기도 하는 이런 실행력은 '할 수 있다'는 긍정적 신념에서 나옵니다. 그래서 많은 사람들은 8유형을 개척정신이 강하고 놀라운 의지력을 지니고 있다고 평가합니다.

8유형 엄마들은 자녀가 다니는 학교의 어머니회장이나 학부모회장 등 어떤 조직이나 단체에서 리더 역할을 맡는 경우가 많습니다. 이들은 조직을 잘 이끄는 리더십을 갖춘 지도자로서 이런 능력을 발휘해 가정이나 사회에서 선장 역할을 많이 합니다. 또한 다른 사람들이 도전하고 추진할 수 있게 격려하고 자신감과 용기를 북돋아주는 등 동기부여를 아주 잘합니다.

학원을 운영하는 40대 여성을 예로 들어보겠습니다. 그녀는 능력 있는 교사가 되려면 늘 배우고 익혀야 한다고 주장합니다. 그래서 교사들이 공부를 계속할 수 있게 음으로 양으로 도와주고 북돋아줍니다. 수업에 늦지 않도록 일찍 퇴근을 시켜주고, 부담감을 갖지 않도록 원생수를 적게 배정해주기도 합니다. 사람들은 이러한 8유형 옆에 있으면 강한 에너지로 동기부여를 받게 된다고 말합니다.

8유형은 때로 자신감이 과해 밀어붙이기식 도전으로 리스크가 발생할 때도 있지만, 그것도 어떠한 일의 결과 중 하나라고 생각하는 대범함과 두둑한 배짱을 갖추고 있습니다. 과감하고 거침없이 도전하는 용기 있는 사람이지요. 그래서 정계나 재계, 군인, 경찰 등 추진력과 리더십을 필요로 하는 자리에는 8유형이 많이 포진해 있습니다.

의리와 정의를 부르짖는 행동파

강력한 힘을 갖는 데 집착하는 8유형 사람들은 자신이 정의로운 사람이라고 믿습니다. 그래서 불의를 보면 참지 못하고, 부당하게 당하는 약자와 피해자를 보호하는 보호자 역할을 합니다. 한 예로 열악한 환경에서 근무하면서 악덕 사장에게 월급을 받지 못한 외국인 근로자가 있었습니다. 불의를 보면 참지 못하는 한 남성은 그 사실을 알고는 사장에게 전화를 걸어 월급을 줘야 한다고 강력히 요구했습니다. 그래도 사장이 월급을 주지 않자 그는 공장으로 직접 찾아가 고발하겠다고 협박하며 공장 앞에서 피켓 시위를 벌였습니다.

이렇듯 8유형은 정의를 위해 싸워야 하며, 불의를 보면 자신이 바로잡고 응징해야 한다고 생각합니다. 이런 사람들은 어떤 이에게는 편안함과 신뢰를 주지만 어떤 이에게는 과한 부담감으로 다가올 수도 있습니다. 하지만 8유형은 상대의 감정보다는 자신의 기준에 따라 행동합니다. 한 예로 8유형의 한 아버지는 자식들이 고분고분 말을 듣지 않자 모두 집합시킨 뒤 "유산은 없다"고 어깃장을 놓았다고 합니다.

이 유형은 또한 의리를 중요시하기 때문에 의리라는 명분으로 과한 행동을 보이기도 합니다. 즉, 다른 사람들의 행동을 지켜보며 잘못된 것은 힘으로 통제해야 한다고 생각합니다. 이들의 정의감은 지배욕에서 비롯된 것으로 음지에서 이권 다툼에 자신의 힘을 드러내는 경우도 있습니다.

강한 지배욕

8유형은 지배욕이 강합니다. 즉, 자신이 직접 환경이나 주변 사람들을 통제하고 지배하기 위해서는 힘이 있어야 한다고 생각합니다. 무엇이든 잘할 수 있는 강한 힘을 지녔다고 굳게 믿으므로 이들의 행동은 강력한 카리스마로 표현되기도 합니다. 이들은 자신의 힘을 도구로 사용함으로써 살아 있음을 느낍니다. 8유형은 어떤 어려움이나 난관이 닥쳐도 두려워하지 않고 "나가자, 싸우자, 이기자" 하는 심정으로 정면 돌파하는 에너지가 강하기 때문입니다.

건설업을 하는 8유형의 사장은 국가에서 도로 신축 공사를 수주했습니다. 우리나라는 산이 많은 까닭에 공사는 여러모로 난관에 부딪혔습니다. 지금은 성능 좋은 건설 장비가 많지만 그때만 해도 변변한 장비 하나 없는 열악한 환경이었습니다. 다른 건설업자들은 쉽지 않은 공사에 선뜻 나서지 않았지만, 그는 "불가능은 없다"는 신념으로 기어이 도로를 뚫었습니다.

이처럼 8유형은 된다는 확신이 서면 무슨 일이든 밀어붙입니다. 즉, 누구의 말도 듣지 않는 독불장군 성향으로 자신의 생각이나 판단에 대한 확신이 있기 때문에 강력하게 주장합니다. 그래서 고집이 있고 주관이 뚜렷해 보이는 이들은 바위 같은 의지로 불도저처럼 일을 추진합니다.

또한 이들은 어떤 형태로든 다른 사람들이 자신에게 힘을 행사하는 것을 원하지 않는 반면 자신이 다른 사람을 통제, 지시하고 그들이 자신의 말에 따르기를 원합니다. 즉, 누구의 간섭이나 지시를 못 견디고 심한 거부감을 표현하며 강력히 대항하기도 합니다.

8유형은 쿨한 성격으로 자신의 주장을 적극적으로 펼치는데, 이들의 직설적이고 거친 표현은 상대를 위축시키거나 큰 압박감을 줄 수 있습니다. 그로 인해 다른 사람들이 선뜻 가까이하기를 두려워하는 대상이기도 합니다. 이들은 자기 뜻대로 되지 않으면 불같이 화를 냅니다. 그로 인해 상대는 당황스러워하고 상처를 받지만, 정작 자신은 언제 그랬냐는 듯 돌아서자마자 잊어버리고 쿨하게 행동합니다.

내면은 약한 외강내유형

8유형은 자신이 힘을 잃고 약해지는 것을 몹시 두려워합니다. 그래서 남에게 부탁을 한다거나 허약한 모습, 무기력한 모습을 보이는 것을 절대 용납하지 않습니다. 한 예로 8유형의 남자 대학생은 용돈이 없어도 부모에게 돈 달라는 말을 하지 못하고, 길을 몰라도 잘 묻지 않는다고 합니다. 이들에게는 남에게 의존하는 것은 있을 수 없는 일이기 때문에 절대 무릎을 꿇지 않습니다. 그래서 겉으로는 애써 더 강하게 자신감을 표현하거나 거칠게 행동하기도 합니다.

8유형은 다른 사람에게 통제당하는 것을 무엇보다도 못 참기 때문에 차라리 통제를 당할 바에는 '내가 떠난다'고 하는 사람들입니다. 이를테면 나이가 어려도 부모가 나가라고 하면 치사하게 매달리기 싫어 아예 집을 나가기도 합니다. 또한 이들은 감정적으로 상처받는 것을 두려워해 사람들과 친밀하게 지내는 것을 불편하게 여기기도 합니다.

그런데 갑옷처럼 두껍고 단단한 껍질 내부에는 부드러움과 어린아이 같은 연약함이 숨어 있습니다. 8유형 중에는 의외로 동물을 좋아하는 사람이 많습니다. 동물과 아기들을 상대로 내면의 연약한 면을 표현하는 것이지요. 한 예로 남 앞에서는 절대 우는 법 없는 8유형의 주부는 텔레비전 동물 프로그램을 보고 대성통곡을 합니다. 화면에는 화재로 주인을 잃어버린 강아지가 화상을 입고도 절뚝거리며 늘 주인과 다니던 도로에서 주인을 기다리는 장면이 나옵니다. 화재로 폐허가 된 집에서 주인이 돌아오길 기다리는 강아지의 모습에 그만 엉엉 소리 내서 울어버린 것입니다.

이처럼 8유형은 의외로 슬픔과 외로움을 잘 느끼지만 남들이 볼까봐 몰래 눈물을 삼키기도 합니다. 자신의 약함이 드러나면 혹시 피해를 입을까봐 더욱더 강하게 그것을 부정하며 자기 스스로를 지키는 것입니다. 이들은 상대가 강하게 통제하려고 하면 오히려 더 크게 반격해서 상대를 제압하거나 무력으로 상황을 정리하려고 합니다. 이런 8유형의 외적 행동을 자세히 들여다보면 자신의 내면을 감추기 위한 것임을 알 수 있습니다.

과도한 욕망

8유형은 삶이 강렬하기를 원합니다. 강렬한 인간관계를 맺고, 일도 매우 열정적으로 하며, 심지어 놀이를 할 때도 "이왕 놀 거면 제대로 놀자"는 자세로 강렬함을 추구합니다. 이런 과함이 때로는 무모하게 덤비는 모습으로 표현되고, 간혹 중독 상태를 만들기도 합니다. 또한 필요 이상으로 과하게 에너지를 씀으로써 예기치 않은 결과를 감당하지 못하고 무책임하게 행동하기도 합니다.

8유형은 자신이 강한 존재라는 것을 과시하기 위해 허풍을 떨거나 과장되게 행동합니다. 이들은 과도한 욕망으로 자신의 한계를 인정하지 않고 능력 이상으로 영역을 넓히면서 무리수를 두어 종종 큰 손해를 보기도 합니다. 한 예로 8유형의 사업가는 과도하게 사업 영역을 넓히다가 실패를 하고도 "수업료를 크게 지불했네" 하고 떠벌리며 계속 확장을 한 끝에 더 큰 손해를 입었습니다.

이들은 뻔뻔한 행동을 보인다든지 적반하장격으로 오히려

큰소리를 치는 경우도 많습니다. 또한 "대한민국에서는 목소리가 크면 다 돼", "돈으로 안되는 게 어디 있어" 하며 파렴치한 모습을 보이기도 합니다.

긍정적인 변화와 성장을 위한 조언

8유형은 조용히 혼자만의 시간을 가지는 것이 좋습니다. 또한 자신이 세상을 통제해야 한다는 과도한 지배 욕구를 내려놓아야 합니다. 즉, 타인에 대한 과한 영향력을 완화해야 합니다. 처음에는 좀 어렵겠지만 어려운 상황에서도 좌절하지 않고 울지 않는 강한 모습에 대한 집착을 내려놓아야 합니다. 이를 통해 상대의 입장에서 살펴보고 깊이 배려하고 이해함으로써 따뜻하고 부드러워지게 됩니다. 또한 다른 사람의 상황을 너그럽게 보듬을 수 있는 관대함도 우러나올 것입니다.

자신의 감정을 강함으로 애써 포장하려 하지 마십시오. 힘들면 힘들다고 누군가에게 도움을 청하십시오. 내면에서 올라오는 여리고 약한 감정도 그대로 인정하고 받아들여야 합니다.

◆ 8유형 엄마의 사례 ◆

독립적이고 "나는 할 수 있다"는 자신감으로 충만한 수연이 엄마는 무슨 일이든 적극적으로 추진하는 행동파입니다. 그래서 항상 긍정적으로 생각하며, 고민하고 주저하기보다는 옳다고 생각하면 그대로 밀어붙입니다. 자녀 양육에서도 일단 한번 해보자는 신념으로 경제적 지원을 아끼지 않는 수연이 엄마는 딸에게 "네가 하고 싶은 게 있으면 말해. 엄마가 다 밀어줄게" 하고 말합니다. 엄마의 긍정적인 지지는 수연이에게 큰 힘이 됩니다.

하지만 수연이 엄마는 의사결정을 할 때도 딸의 의견보다는 자신의 의견대로 밀고 나가는 성향이라 딸에게 상처를 주기도 합니다. 수연이는 엄마와 친밀한 관계를 맺고 싶어 하고, 사랑과 관심을 받기 원하는 의존적인 성격입니다. 문제는 딸이 엄마에게 원하는 것과 엄마가 딸에게 바라는 것이 다르다는 데 있습니다. 수연이 엄마는 자녀의 성향을 파악하지 못한 채 주관적 신념과 가치관에 따라 딸에게 독립적이고 적극적인 의사표현을 요구합니다. 또 "네가 할 일은 스스로 해" 하며 강요하고 지시하기도 합니다.

엄마가 그러면 그럴수록 수연이는 정서적으로 공감을 받지 못해 마음에 깊은 상처를 입게 되며, 더 소심해지고 더 위축되고 맙니다. 수연이 엄마는 자녀를 잘 보호하고 모든 일을 자신 있게 추진하므로 수연이가 배울 점이 많지만, 정작 딸이 원하는 것은 엄마의 사랑과 정서적 애착이었습니다. 결국 수연이는 정서적으로 공감을 받지 못해 많이 외로워했고, 그럴수록 친구들에게 감정적으로 의존하게 되었습니다.

9유형
모든 사람과 평화롭고 싶은 중재자

　안정적이고 평화로운 상태를 유지하고 싶어 하는 9유형은 어떤 특성을 보일까요? 9유형 엄마들은 삶이나 생활, 인간관계뿐만 아니라 자녀 양육에서도 조용하고 안정적이며 큰일 없이 순조롭게 이어지기를 바랍니다. 갈등이 생기는 것을 바라지 않기 때문에 이들의 삶은 무조건 상대의 말을 들어주고 수용하는 형태로 나타납니다. 그래서 자녀와도 평화롭고 큰 잡음 없이 공존하는 스타일이지만, 때로는 자녀가 엄마의 안일하고 무감각한 평화를 답답해할 수도 있으므로 이 점은 유념해야 합니다. 다음에서 9유형의 성격 특성을 알아보고 자신의 성격 유형을 찾아봅시다.

능력이 탁월한 중재자
　모든 유형을 포용하고 다른 사람들의 생각과 느낌, 행동을 있는 그대로 수용하며 화합을 도모하는 중재자입니다. 그래서 많은 사람들이 엄마나 할머니처럼 말을 잘 들어주고 포용해주는 9유형에게 편안함을 느낀다고 합니다. 이들은 전체적인 흐름을 정확히 파악하는 능력이 있어 단체나 사회에서 크게 나서지 않고 잘 동의합니다. 조직에서 자신이 맡은 일을 묵묵히 행함으로써 신뢰를 받으며, 인간관계가 원만해 많은 사람들과 매우 우호적으로 지냅니다.

또한 각자의 성향대로 능력을 발휘할 수 있도록 허용하고 인정하며 기다릴 줄 아는 인내심이 강한 화합가입니다. 이와 함께 타인들 사이의 크고 작은 갈등에서 오는 불협화음을 중간에서 잘 조정하는 능력도 탁월합니다. 그래서인지 9유형과 함께 있으면 많은 사람들이 편안함과 안정감을 느낀다고 합니다.

어떤 상황에서도 잘 나서지 않는 유형

9유형은 머리 아픈 것을 싫어합니다. 그래서 어떤 문제가 생기면 한 걸음 뒤로 물러나 관망하거나 아예 관심 없다는 듯 자리를 피해버립니다. 일뿐 아니라 인간관계에서도 사소한 갈등이 일어나는 것조차 싫어하기 때문에 "응, 그래" 하고 말합니다. 예를 들어 식당에 가서도 무엇을 먹을지 물어보면 "아무거나" 또는 "같은 거"라고 대답합니다. 자신이 먹고 싶은 게 따로 있더라도 크게 거부감 없는 음식이라면 그냥 먹습니다.

여행을 가기 전 어디에 가고 싶은지 의견을 물을 때도 다수의 의견에 따르는 경우가 많습니다. 즉, 사실은 강원도에 가고 싶지만 다수가 오동도를 원하면 "그래, 오동도 가자" 하고 말합니다. 이러한 성향은 물건을 살 때도 드러납니다. 자신이 갖고 싶은 물건이 있는데 다른 친구가 가지고 싶어 하면 늘 양보합니다.

그렇기 때문에 9유형은 아주 착한 호인으로 보이기도 합니다. 이들은 자신의 내면이 혼란스럽지 않고 평화롭기를 바라기 때문에 무조건 상대의 요구를 들어주고 조용히 뒤로 물러나 있습니다. 불편한 상황을 피하고자 다른 사람과 잘 지내려고 하기 때문에 상대에게 쉽게 영향을 받고 동화돼 "네가 알아서 해", "네 뜻대로 해"라는 말을 자주 합니다.

9유형의 문제점은 일을 추진할 때 적극적으로 나서서 해결하거나 자기주장을 펴야 하는 상황에서도 나서지 않는다는 것입니다. 한 예로 다른 사람의 실수로 손해를 본 부인이 강력히 항의하는데도 9유형 남편은 나서서 돕기는커녕 강 건너 불구경하듯 관망하거나 아예 그 자리를 피해버립니다. 부인의 입장에서는 정말 남보다 못하다고 느낄 수밖에 없지요. 이렇게 9유형은 꼭 나서서 해결해야 할 때도 슬그머니 뒤로 빠져버림으로써 본의 아니게 오해를 사거나 상대를 서운하게 만듭니다.

자신에 대한 과소평가

9유형은 지나치리만큼 겸손합니다. 굳이 겸손해야 할 자리가 아닌데도 지나치게 자신을 낮춰 굽신거리는 것으로 보일 정도입니다. 보통 사람의 눈으로 보면 그리 부족함이 없는데도 지나치게 자신을 낮추고 겸손해서 어떨 때는 불편하기까지 합니다. 이 모든 행동의 이유는 갈등 없이 평화로운 상태를 유지하기 위해서입니다. 물론 지나치게 자랑을 늘어놓는다거나 거만한 행동도 사람들의 눈총을 받지만 지나친 자기비하도 많은 문제를 야기합니다. 자기 몫을 챙기는 일에서 손해를 보기도 하지요.

예를 들어 9유형은 자신의 가치를 스스로 낮게 책정해 연봉 협상이나 가격 협상을 늘 상대에게 맞춰줍니다. 제대로 된 평가와 협상을 통해 당연히 취해야 하는 것까지 챙기지 못하고 "그럼 알아서 해주세요" 하고 말하는 바람에 사람들에게 미련하다는 소리를 듣습니다.

이들은 정말 자신이 보잘것없고 잘하는 게 없다고 생각합니다. 그래서 어른이든 아이든 9유형은 자신감과 자존감이 매우 낮습니다. 예를 들어 9유형의 미대생은 실기 점수가 좋게 나와도 "그럴 리가 없는데, 잘한 것 같지 않는데" 하고 의구심을 갖고 자신을 낮춥니다.

9유형은 다른 사람들의 장점이나 특기를 잘 파악해 칭찬해주면서 정작 자신은 보잘것없다고 생각합니다. 외적인 부분만이 아니라 자신의 생각이나 감정 그리고 자신의 욕구도 중요하지 않게 생각합니다. 다른 사람에게 뭔가를 주장하거나 요구하면 시끄럽고 피곤하기 때문에 무조건 자신을 무시한 채 다른 사람들의 입장에서 생각하는 것입니다.

대책 없는 황소고집

정신적·정서적·육체적으로 아무 갈등 없이 평화롭게 살기를 원하는 것이 9유형의 집착입니다. 이들은 자신의 내면을 편안하고 안정적으로 유지하고 싶어 모든 갈등을 회피할 뿐 아니라 부정적 정서를 억누르고 표현하지 않습니다. 그래서 많은 사람들은 9유형을 정신적으로 이해심이 많은 온화한 사람이나 아무 생각 없는 어수룩한 사람으로 보기도 하지만 그것은 큰 오산입니다. 겉으로는 그렇게 보일지 몰라도 내면적으로는 나름대로 주관이 뚜렷하기 때문입니다.

이들에게 어떤 의견을 묻거나 부탁을 하면 분명 '예스'라고 하지만, 그 말을 믿고 기다리다가는 큰 낭패를 볼 수도 있습니다. 9유형은 상대와 갈등 상황에 놓이는 것을 원치 않기 때문에 겉으로는 긍정하고 막상 행동은 하지 않기 때문입니다. 이를테면 자신이 크게 잘못한 것도 없는데 엄마에게 혼난 9유형 딸아이는 엄마가 밥 먹으라고 아무리 불러도 꿈쩍 안 하고 방에 틀어박혀 있습니다.

9유형은 자신이 진정으로 원하지 않는 일에는 황소고집을 부리고 꿈쩍도 안 하는 등 수동적인 공격 형태를 보일 때가 있는데, 그럴 때는 정말 대책이 없습니다.

매사 좋은 게 좋은 평화주의자

9유형은 사람들과 잘 지냅니다. 왜냐하면 갈등이 생기면 마음이 편치 않아 사람들의 의견을 무조건 받아주기 때문입니다. 그래서 이들은 어느 누구와도 갈등을 일으키지 않습니다. '좋은 게 좋다'는 식으로 모든 일을 조용하고 차분하게 받아들이기 때문에 '오케이 맨'으로 불립니다.

예를 들어 친구가 돈을 빌려달라고 하면 9유형은 거절하지 못하고 습관적으로 "알았어, 빌려줄게" 하고 대답합니다. 자신도 경제 여건이 좋지 않아 허덕이는 상황에서도 상대와 불편한 관계가 되는 게 싫어 무의식적으로 '오케이'를 해버리는 것입니다. 이처럼 무조건 다른 사람의 말을 들어주고 상대의 의견과 욕구를 먼저 수용하다보니 9유형은 줏대가 없다는 말을 자주 듣습니다. 또 물에 물 탄 듯 술에 술 탄 듯 우유부단한 모습 때문에 '속이 터진다'는 말도 자주 듣습니다.

또한 이들은 문제를 축소시켜 갈등 상황을 최대한 피하려고 합니다. 웬만한 것은 그냥 무시하거나 지나쳐버립니다. 어떤 일이나 문제가 생길 경우 적극적으로 대처하기보다는 머리 아픈 문제가 해결될 때까지 애써 무시하거나 견뎌냅니다.

한 예로 9유형의 어느 남편은 정해진 날짜 안에 결정해야 할 일이 여러 가지 발생하자 고민하다가 '시간이 가면 해결되겠지', '어떻게든 되겠지' 하며 그냥 잠을 자버립니다. 부인이 이런 대책 없는 모습에 "너무 화가 나고 복장이 터진다"고 말하는 것은 당연하지요. 이렇게 9유형은 소극적인 모습으로 주변 사람들을 당황시키거나 답답하게 만듭니다.

갈등 상황에서 움츠러드는 유형

9유형은 자기 삶에서 아무 일도 일어나지 않기를 바랍니다. 그저 늘 하던 대로 평온하고 평범하기를 바랍니다. 그것은 인간관계에서도 마찬가지입니다. 하지만 세상살이가 늘 평온할 수만은 없는 일입니다. 이들은 갑자기 급한 결정을 내려야 하거나 문제가 발생하면 어찌할 바를 몰라 그냥 멍하니 있습니다. 갈등 상황이나 급박한 상황이 이들에겐 스트레스인 것입니다. 9유형은 평소 웬만하면 머리 아픈 일에 나서지 않고 무시하기 때문에 갈등 상황이 오면 매우 당황합니다. 갑자기 큰일을 당하거나 자신이 감당하기 어려운 상황이 되면 무의식적으로 피하면서 멍해져버리는 것입니다.

동네 엄마들과 잘 지내는 30대 주부가 있습니다. 그녀는 불편한 관계를 원치 않기 때문에 웬만해선 갈등 상황을 만들지 않고 편안한 관계를 유지합니다. 그런데 어느 날 사소한 의견 충돌로 말다툼을 하게 되었고, 상대가 속사포처럼 빠른 말투로 공격적으로 따지자 순간 멍해지면서 아무 말도 들리지 않았습니다. 그녀는 아무 대꾸도 못한 채 당하기만 했습니다.

이처럼 9유형은 자신이 감당하기 힘든 갈등 상황이 오면 순간 멍해지고 멈칫하면서 움츠러듭니다. 잠을 자거나 술, 게임,

TV, 수집 등에 빠지는 이들의 태도는 깊은 내면에서 올라오는 두려움을 피하기 위한 행동입니다.

게으름이 문제

급할 게 하나도 없다고 생각하는 9유형은 근본적으로 느리고 게으릅니다. 잠깐만 움직이면 금방 할 수 있는 일도 미루고 미루다 더 이상 미룰 수 없는 상황이 되면 그제야 '이제 시작해 볼까' 하면서 움직이는 유형입니다. 한 예로 어느 여대생은 강의 때마다 지각을 밥 먹듯 합니다. 또 리포트도 제날짜에 제출한 적이 한 번도 없습니다. 늘 미루고 미루다 마감일 12시 직전에 제출하거나 기한을 넘기기 일쑤입니다.

이렇게 9유형은 게으르고 나태합니다. 이들의 게으름은 갈등을 일으키는 어떤 것에도 영향을 받지 않으려는 무의식적 욕구를 보여줍니다. 즉, 이들은 적극적으로 삶에 뛰어들기를 원치 않습니다. 뭔가 복잡하고 갈등의 여지가 있는 것을 회피하려는 의도가 바로 게으름입니다. 또한 이들은 자신이 영향 받는 것을 원치 않을 뿐 아니라 자신이 다른 사람에게 어떤 영향도 주지 않으려고 합니다. 그래서 자신의 일이든 다른 사람의 일이든 선뜻 다가서지 않고 뒤로 물러나 있는 것입니다.

이들은 새로운 것을 시도하거나 기존의 것을 바꾸려 하지 않고 귀찮아서 늘 쓰던 물건을 계속 쓰거나 하던 대로 계속하기를 원합니다. 관성의 법칙을 보여주는 것이지요. 많은 9유형이 새로운 정보를 얻고 익히는 것이 귀찮아 휴대폰을 바꾸지 않거나 단골식당에서 늘 먹던 음식만 주문한다고 합니다. 이들에게는 습관이 배었거나 익숙한 것은 그대로 유지하는 은근과 끈기가 있습니다. 그래서 많은 사람들은 9유형을 가리켜 "미련 곰탱이 같다"고 합니다.

긍정적인 변화와 성장을 위한 조언

아무 일도 일어나지 않고 늘 평화롭고 고요해야 한다는 집착을 내려놓아야 합니다. 삶에 적극적으로 뛰어들지 않고 뒤로 물러나 있는 자신의 태도와 고요하게 멈춰 있는 자신의 시간을 의식해야 합니다. 갈등 상황을 피하기 위해 아무 생각 없이 소극적으로 반응하거나, 타인의 부탁을 거절하지 못해 무조건 수용하는 일을 중단해야 합니다.

자신이 진정으로 원하는 것이 무엇인지 생각함으로써 타인뿐만 아니라 자신도 사랑하십시오. 이제 자신의 생각을 '아니요'라고 표현해야 합니다. 무조건 머리 아프다고만 생각지 말고 불편과 변화를 삶의 일부로 받아들이십시오. 좀 더 적극적으로 목표를 세워 삶에 뛰어들 수 있기를 바랍니다.

조용하고 내성적이며 남들 앞에 잘 나서지 않는 민수 엄마는 늘 뚱한 표정을 짓고 말투와 행동도 느립니다. 자녀 양육에서도 크게 부산을 떨거나 과한 법이 없습니다. 민수 엄마는 아들 민수가 친구들과 놀이를 하다 갈등 상황이 생겨도 크게 호들갑 떨지 않고 "저러다 말겠지, 뭐" 하며 스스로 문제를 해결할 수 있도록 기다려주는 편입니다. 그리고 자녀의 세계를 잘 이해하고, 자녀가 원하지 않는 일은 강요하지 않기 때문에 민수는 엄마를 대할 때 편하게 생각하고 엄마와 좋은 관계를 유지합니다.

민수 엄마는 늘 좋은 게 좋다는 식으로 웬만하면 잔소리도 하지 않습니다. 그런데 그것이 지나쳐 때로는 자녀를 방임적으로 키우기도 합니다. 자녀가 스스로 하도록 기다려주는 것도 좋지만, 도가 지나치면 자녀가 평화로운 안일함을 답답해할 수도 있습니다. 그래서 때로는 적당한 훈육도 필요한 것입니다. 마음이 약하고 자녀와의 갈등을 피하기 위해 구렁이 담 넘어가듯 교육하는 민수 엄마의 태도는 분명 짚고 넘어가야 할 부분입니다.

1유형
원칙적이고 완벽을 추구하는 개혁가

　자신의 인생을 완벽하게 꾸리는 데 집착하는 1유형은 자신만의 원칙과 기준을 삶의 모든 영역에 적용하려 합니다. 이들은 자녀 양육은 물론 인간관계, 가정 경영 등 삶의 전반에 자신만의 원칙과 신념을 고수하는 완벽주의자입니다. 살림이든 자녀 교육이든 모든 면에서 똑 부러지는 1유형 엄마들의 경우 특히 자녀 양육 면에서 이상적인 엄마가 되기를 원합니다. 하지만 지나치게 엄격한 원칙과 꼼꼼한 충고는 자녀를 위축시키기 쉽고 자녀가 숨 막혀 할 수도 있다는 점을 짚고 넘어갈 필요가 있습니다. 다음에서 1유형의 특성을 알아보고 깊은 내면의 동기를 이해하면서 자신을 조금씩 알아갑시다.

강한 정의감으로 세상을 바로잡는 개혁가
　공정한 원칙과 질서를 중요시하는 1유형은 정의롭습니다. 자신이 정한 기준대로 세상이 올바르게 돌아가야 한다고 생각하는 이상주의자입니다. 이들은 자신은 물론 다른 사람들도 자신이 옳다고 생각하는 높은 기준대로 움직이기를 원합니다. 1유형의 열심히 일하는 자세와 정의롭고자 하는 꾸준한 노력은 많은 사람들에게 모범이 됩니다.

1유형은 개인의 안위보다 공익을 먼저 생각해야 한다는 강한 책임감으로 일을 추진하기 때문에 많은 사람들의 신뢰를 받습니다. 그래서 이들은 세상이 자신의 생각대로 움직이지 않을 때 이를 바로잡겠다는 강한 정의감과 의무감으로 개혁을 꾀합니다. 공용 주차장이나 아파트 주차장에 차를 제대로 주차하지 않은 사람을 훈계하듯 바로잡고, 놀이공원에서 줄을 서지 않는 사람을 보면 그냥 지나치지 못하고 공공질서를 들먹이며 줄을 바로 서라고 말합니다.

그래서 1유형은 어릴 때도 성인이 돼서도 타의 모범이 되는 모범생 스타일입니다. 사회적 질서나 환경개선 또는 개인적인 정리정돈 등 크든 작든 모든 일을 자신이 정한 기준에 따라 판단해 바로잡고 가르치고 개선하려 합니다. 이들은 스스로 다른 사람을 가르치거나 세상을 바로잡는 것이 자신의 역할이라고 생각합니다. 이러한 성향이 있기 때문에 자신에게 가장 적합한 직업으로 교육자나 교사를 희망하기도 합니다.

완벽을 요구하는 비판자

1유형은 웬만해서는 만족하지 못합니다. 도덕적·윤리적 기준과 이상에 대한 기대가 높기 때문입니다. 하지만 기대한 만큼 이루어지지 않고 결과가 흡족하지 않기 때문에 이들은 타인을 지적하고 비판합니다. 1유형 엄마들의 경우 결과도 중요하지만 성실히 노력하는 과정도 중요하다고 자녀를 훈계하며 제대로 하라고 잔소리를 하는 사람들이 많습니다. 이들은 자녀뿐만 아니라 제대로 하지 못한 스스로를 비판하는 내면의 비판자로서 늘 자신을 책망합니다. '내가 왜 이런 실수를 했지', '내가 왜 그랬을까' 하며 엄격한 기준으로 자신을 항상 긴장시킵니다.

혹시 실수를 했을 때도 같은 실수를 반복하지 않기 위해 내면의 결함창고에 모든 것을 메모하는 치밀함을 보이기도 합니다. 이들은 완벽함을 요구하기 때문에 때로는 고집스럽고 융통성 없이 꽉 막혀 있습니다. 또한 불만스러운 일이나 태도, 행동 등에 대해 비판적이고 잘못된 점을 잘 지적합니다. 이들은 오타도 쉽게 발견하고, 조금이라도 흠이 있는 물건을 잘 식별하는 예리한 눈을 가지고 있기도 합니다.

1유형은 지적받는 사람들의 마음에 상처를 주고 압박감을 느끼게 하며 지치게 만들기도 합니다. 어떤 사람이 입병이 나서 음식을 먹을 때 조금 흘렸는데 1유형의 사람이 그것을 참지 못하고 "왜 이렇게 흘려" 하고 지적을 하는 바람에 상대가 마음이 상했던 경우도 있습니다.

이들은 냉소적이거나 독선적인 태도로 상대를 대하기 때문에 본의 아니게 오해도 사기도 합니다. 그래서 많은 사람들은 1유형과 함께 있는 것을 버거워합니다. 혹시 잘못을 지적당할까봐 가까이 가기가 부담스럽고 너무 까다롭다고 생각하기 때문입니다.

모든 과정을 성실하게

모든 일을 완벽히 하기를 원하기 때문에 늘 꿀벌이나 개미처럼 성실하게 노력합니다. 한시도 가만있지 않고 늘 움직입니다. 일을 할 때 큰 그림을 그리기보다는 아주 세세한 것까지 점검하고 신경을 쓰며 행동하기 때문에 항상 쉴 틈 없이 바쁘게 지냅니다.

사회적으로 성공한 어느 여성 중역의 경우 부하직원이나 다른 사람들의 일처리를 못마땅하게 여겨 결과물을 다시 점검하는 치밀함을 보입니다. 그녀는 모든 것을 자기 선에서 완벽히 마무리하려 하기 때문에 늘 과도한 책임감과 의무감에 시달립니다. 또한 무슨 일이든 시작 전부터 꼼꼼히 계획하고, 설계한 대로 한 치의 오차도 없이 정확하고 철저하게 처리하는 과정을 중요시합니다.

이처럼 1유형은 완벽히 맞춰진 퍼즐처럼 하나에서부터 열까지 제대로 맞아떨어지게 하고 빈틈없이 일을 마무리합니다. 그렇기 때문에 무엇 하나 지적하거나 손댈 필요가 없을 정도로 깔끔하게 일을 처리해 상사들이 좋아하는 유형입니다. 하지만 1유형 상사를 둔 직원들은 숨 쉬기가 힘들 정도로 긴장되고 피곤하다고 말합니다.

1유형은 혼자 있을 때나 잠잘 때조차 정신적·육체적으로 긴장의 끈을 놓지 않는다고 합니다. 특별한 일이 있어 새벽에 일어나야 할 때도 정확히 기상하기 때문에 '알람시계'라는 별명을 얻기도 합니다.

분노를 억누르는 유형

1유형은 현실적으로 불가능한 것을 완벽하게 하려고 하기 때문에 자신과 타인을 모두 힘들게 합니다. 이들은 현실의 벽에 부딪혀 늘 화가 나고 불만스럽습니다. 그래서 좌절하기도 하고 감정적으로 상처를 받고 욕구불만을 느껴 화도 나지만 분노를 억누릅니다. 화를 내는 것은 옳지 않은 것이고 완벽한 행동이 아니라고 생각하기 때문에 내면의 분노를 억누르고 회피하거나 애써 참는 것입니다.

하지만 화나지 않았다고 말하면서도 못마땅한 표정을 짓거나 찌푸린 눈썹, 이를 악문 듯한 표정 등으로 감정이 드러나기 때문에 다른 사람들을 불편하게 만들 때가 많습니다. 즉, 1유형은 마음에 들지 않는 상황에서 분노의 감정을 즉각적으로 표출하지 않습니다. 그 감정을 내면에서 어떤 방법으로 드러낼지 생각하고 판단한 뒤 가장 좋은 방법을 형성하는 분노에 대한 반동 형성입니다.

한 예로 어떤 1유형 엄마는 딸이 아는 문제를 실수로 틀려 성적이 별로 좋지 않자 속으로는 분노가 치밀었지만 화를 감추고 온화한 표정을 지으며 괜찮다고 말했습니다. 그런데 거실에서 개그 프로그램을 보며 웃고 떠드는 딸을 보고는 화가 나서 인상을 쓰며 이미 청소를 했는데도 "저리 비켜" 하며 다시 청소기를 돌렸습니다. 청소한 방을 다시 청소하면서 그녀는 이렇게 말합니다.

"책상이 왜 이렇게 지저분하니? 내가 화를 내는 게 아니라 네가 제대로 정리를 하지 않았기 때문에 지적하는 거야."

이처럼 1유형은 한계에 다다르면 상대를 탓하거나 질책합니다.

감정의 억제에 따른 일탈 행동

1유형이 정한 기준은 대부분의 사람들이 달성하기 어려운 수준입니다. 그래서 이들은 현실에 영향을 미치지 못하고 세상을 개선하지 못했기 때문에 분노하고 개선하지 않은 사람들에게도 화가 납니다. 하지만 분노를 직접적으로 표현하는 것은 '옳지 못한 것'이기 때문에 화를 억누르는 것은 이들의 양면성과 이중적인 감정입니다.

우리 인간은 과도한 스트레스를 받으면 적절히 해소를 해야 합니다. 감정을 억눌러 참고 표현하지 않으면 언제 폭발할지 모르는 화산처럼 내면에서 들끓게 마련입니다. 1유형의 경우도 어느 순간 억압된 내면의 분노를 무의식적으로 부적절하게 폭발시키기도 합니다.

예를 들어 도가 지나칠 만큼 집 안을 열심히 정리하는 주부가 자신만 쓰는 싱크대 서랍에는 온갖 물건을 뒤섞어 놓기도 합니다. 또한 사회적으로 성공하고 존경을 받는 유명인이 가정에서는 부인과 자식에게 폭언과 폭력을 일삼는 경우도 있습니다. 사회적 체면 때문에 자신의 욕구를 억누르거나 분노를 제대로 해소하지 못해 퇴근 후 술에 빠진다거나 종종 도박을 하고 방탕한 생활을 하는 것 등은 대표적인 일탈 행동입니다.

긍정적인 변화와 성장을 위한 조언

나와 주변 세상에 대해 완벽해야 한다는 집착에서 벗어나야 합니다. 1유형의 완벽주의는 자신의 활동과 가족 및 주변의 활동을 제약하고 삶을 무겁게 만들기 때문입니다. 물론 처음에는 그 집착을 내려놓으면 큰일이 날 것 같을 것입니다. 하지만 세상을 끊임없이 판단하고 비판하는 자신의 행동을 돌아보고 멈춰야 합니다.

1유형은 자신에게 부족한 점이 많다고 생각하기 때문에 스스로를 구속합니다. 이제 자신에 대한 연민을 키우고 좀 더 자유로운 시간을 가지면서 이완하십시오. 완벽하지 않은 것에 대해 느끼는 분노의 감정을 인식하고, 그것을 억누르지 말고 느끼는 그대로 건강하게 표현해야 합니다. 자신만의 기준으로 높이 정한 비현실적인 이상을 내려놓고, 부족한 부분을 고치려 하지 말고 이해하며 받아들이기를 권합니다.

◆ 1유형 엄마의 사례 ◆

다섯 살, 일곱 살 남자아이를 키우는 호준이 엄마는 매사에 완벽하고 깔끔한 성격으로 늘 정돈을 잘해 아이들에게 쾌적한 환경을 제공합니다. 그녀는 아이들이 남들에게 손가락질을 받지 않도록 늘 옷을 깔끔하게 입히고, 간혹 놀다가 더러워질 경우 하루에도 몇 번씩이나 갈아입힐 정도로 매우 부지런합니다. 또한 아이들의 유치원 준비물이나 기타 가정학습 과제를 꼼꼼하게 점검하고 완벽하게 준비시켜 절대 놓치는 법이 없습니다.

그녀는 아이들이 집에서 장난감을 가지고 놀 때면 항상 놀고 난 뒤 바로바로 정리하기를 바라고, 아이들을 그렇게 지도하고 있습니다. 어쩌다 아이들이 장난감을 바로 정리하지 않으면 곧장 지적하거나 기다리지 못하고 자신이 정리하곤 합니다.

특히 웃어른에게 공손히 인사하는 것이 당연하다고 생각하기 때문에 두 아이는 동네 어른은 물론 경비 아저씨에게도 인사를 잘합니다. 식당에 갔을 때 예의 없이 떠들거나 돌아다니면 그 자리에서 바로 지적하고 고치도록 훈육합니다. 호준이 엄마는 공공질서를 잘 지키고 도덕적으로 바르게 키우려고 많이 노력하는 엄마입니다.

자녀 양육에서 완벽하고 이상적인 모습을 보이기도 하지만, 빈틈없는 호준이 엄마는 아이들이 제대로 못하는 것이 못마땅해 늘 잔소리를 합니다. 하지만 엄마의 잔소리는 더 이상 훈육의 언어가 아니라 아이들을 숨 막히게 할 뿐입니다.

2유형
남을 도와주거나 남에게 도움이 되려는 봉사자

사랑이 가득하고 모든 사람을 도와주고 싶어 하는 2유형은 친절하고 상냥합니다. 대표적인 엄마 모델로 이 세상 모든 엄마의 표본이 될 만큼 자녀 양육에 애정을 쏟으며 자녀와 친밀한 관계를 유지합니다. 집안일이나 남편 뒷바라지 등 모든 면에서 정이 넘칩니다.

2유형 엄마들은 자녀 양육에서 과도한 애정과 돌봄으로 자녀가 스스로 할 수 있는 것도 원스톱으로 제공하는 경향이 있습니다. 이들은 자녀의 자립심을 저해하거나 부담을 줄 수 있다는 면에서 넘치는 사랑을 점검해볼 필요가 있습니다.

자녀는 물론 타인과의 관계도 중요시하는 2유형 엄마의 성격 특성과 깊은 내면을 알아봅시다.

도움이 필요할 땐 언제 어디서나 돕는 봉사자

가슴이 따뜻해서 남을 돕는 데 에너지를 많이 씁니다. 자신의 도움이 필요한 사람들을 성심성의껏 보살피는 것이 자신의 즐거움이요 행복이라고 생각합니다. 자신의 감정보다는 다른 사람들의 감정을 먼저 살펴주는 마음 따뜻한 유형이지요.

이들은 자신에게 속상한 일이 있거나 힘든 상황이라도 내색하지 않고 다른 사람들의 부족한 부분을 늘 살핍니다. 자신의 시간을 쪼개 다른 사람을 도와줄 뿐만 아니라 상대에게 필요한 물건을 선물하는 것을 좋아합니다. 받는 것은 어색해하고 주는 것을 좋아하는 2유형은 아기자기한 선물을 잘합니다.

이들은 누군가에게 뭔가를 해주거나 도움이 될 때 자신이 살아 있다고 느낍니다. 그래서 자신이 감당하기 어려운 상황에서도 힘들거나 어려운 사람들에게 도움이 되는 일이라면 버선발로 뛰어나갈 만큼 봉사정신과 희생정신이 강합니다.

과도한 이타심

2유형은 자신의 도움을 받은 사람들이 기뻐하는 모습을 통해 힘을 얻고 삶의 의미를 찾기 때문에 도움 주는 사람이라는 것을 자랑스럽게 생각합니다. 하지만 헌신적으로 남을 돕는 데 집착하는 2유형의 깊은 내면을 살펴보면 자만심이 자리하고 있습니다. 친절과 배려 뒤에 자만심이라는 숨은 의도가 있다는 것인데, 2유형은 이것을 인정하지 않습니다. 물론 많은 사람들을 친절하게 도와주기 때문에 겉으로는 전혀 거만해 보이지 않습니다.

그런데 유심히 봐야 할 것은 바로 '나는 다른 사람의 어떤 도움도 필요하지 않지만 다른 사람은 내가 돌봐줘야 한다'는 생각입니다. 2유형은 타인의 필요에만 관심을 가지고 정작 자신의 필요와 욕구는 덮어버립니다. 한 예로 체육시간에 넘어지는 바람에 무릎에 상처가 나서 다른 사람의 도움이 필요한데도 친구들을 귀찮게 할까봐 "같이 가줄까" 하고 묻는 친구에게 괜찮다고 대답합니다. 그리고 혼자 절뚝거리며 양호실에 가서 치료를 받고 돌아오는 것입니다.

2유형의 교만은 또한 다른 사람을 도와주어 스스로 문제를 해결할 수 있는 기회를 빼앗아버릴 때 드러납니다. 2유형 엄마가 숟가락질을 막 배우는 아들에게 늘 음식을 떠먹여주는 것도 교만의 예입니다. 다른 사람을 위로하면서도 정작 자신은 도움이 필요하지 않다고 하는 2유형의 과도한 도움과 희생정신은 구세주 콤플렉스와 순교자 콤플렉스로 나타나기도 합니다.

타인을 통해 자신의 가치를 인정받으려 하는 유형

2유형은 다른 사람들에게 자신이 꼭 필요한 사람, 의미 있는 사람이 되기를 원하기 때문에 인간관계를 매우 중요시합니다. 사람들을 보살피고 도와주는 것을 당연하게 생각하지요. 많은 사람들과 친밀한 관계를 맺기 때문에 2유형의 주변에는 항상 사람들이 많습니다.

제 딸의 경우 중학교 시절 시험 기간에는 꼭 컴퓨터 사인펜을 넉넉히 챙겼다고 합니다. 혹시 준비하지 못한 친구가 있으면 빌려줘야 하기 때문입니다. 그렇게 해서 친구들에게 고맙다는 말을 들으면 자신이 뭔가 큰일을 한 것 같고 마음이 뿌듯해졌다고 말합니다.

이렇듯 2유형은 다른 사람들과 정서적으로 교류가 잘되기 때문에 늘 상냥한 사람, 친절한 사람, 착한 사람, 희생정신이 강한 사람이라는 말을 듣습니다. 이들은 모든 사람과 친하게 지내며 좋은 관계를 맺고 싶어 하며, 이를 위해 상대의 감정과 욕구를 읽어내는 능력이 탁월하고 또 눈치도 빠릅니다.

한 20대 여성은 친하게 지내는 친구가 조금이라도 기분이 안 좋은 것 같으면 혹시 무슨 일이 있는지, 뭐 기분 상한 일이 있는지 항상 묻습니다. 혹시 자기 때문에 그러는 것은 아닌지 눈치를 보거나, 상황에 따라 적절한 행동으로 친구의 비위를 맞춰줍니다.

2유형은 자신의 정체성을 다른 사람의 피드백을 통해 확인함으로써 자신은 좋은 사람, 친절한 사람이라는 이미지를 유지하려고 합니다. 즉, 다른 사람을 통해 자신의 가치를 인정받으려 하는 것입니다.

소유욕과 질투심

2유형이 주변 사람을 살펴주고 솔선수범해서 남의 일을 자기 일처럼 챙기는 것은 사람들과 감정적으로 좋은 관계를 맺기 위해서입니다. 하지만 도와주는 것이 지나칠 때도 있습니다. 이들은 주변을 살피다가 자신의 도움이 필요할 것이라고 생각하면 상대가 도움을 청하지도 않아도 먼저 다가가 도와주고 반응을 기다립니다. 즉, 자신의 도움에 대한 보답으로 상대에게 물질이 아닌 "고맙다", "친절하구나" 하는 말을 듣고 싶어 하는 것입니다. 이런 점만 적절히 조절한다면 많은 사람이 2유형의 주변에 있어서 큰 힘이 되기도 합니다.

하지만 상대의 반응을 지나치게 바란다거나 과도하게 도움을 줌으로써 때때로 상대에게 부담을 주기도 합니다. 또한 상대의 반응이 없으면 소유욕과 질투심을 드러낼 때도 있습니다. 자신과 친하게 지내는 사람이 다른 사람과 친밀하게 지내면 질투심이 치밀어 불안감이 생기기도 합니다.

예를 들어 친한 친구의 생일날 카드와 선물을 주면서 "난 가을에 태어났는데" 하고 돌려 말하는데, 여기에는 자신의 생일을 꼭 기억해서 챙겨주기를 바라는 속마음이 담겨 있습니다. 즉, 자신이 상대에게 성의껏 정성을 다해 베풀기 때문에 마음 한편에는 상대가 자신에게도 그렇게 해주기를 은근히 바라게 되는 것입니다.

너무 참아서 탈

자신을 착하고 좋은 사람이라고 생각하는 2유형은 그렇게 되기 위해 늘 희생하며 다른 사람을 위해 양보하고 도와줍니다. 타인의 관심과 사랑을 간절히 원하기 때문입니다. 이들은 다른 사람들이 자신을 사랑하지 않을까봐, 좋은 사람이라고 생각하지 않을까봐 두려워하며 늘 자신의 욕구를 억누르고 희생해서 상대의 기분을 맞추고 도와주려 합니다.

또한 자신이 진정 무엇을 원하는지, 자신에게 무엇이 필요한지 모를뿐더러 내면의 욕구를 무시하고 덮어버리기도 합니다. 자신의 욕구를 먼저 챙기면 이기적인 사람, 나쁜 사람이라고 생각하기 때문입니다.

예를 들어 어떤 30대 주부는 친구들과 치킨을 먹을 때도 자신이 좋아하는 닭다리를 잡지 못할 뿐만 아니라 친구들이 다 고르고 나면 맨 마지막으로 남은 것을 선택합니다. 또한 자신의 욕구뿐만 아니라 슬픔, 화, 억울함 등의 모든 감정을 억누릅니다. 하지만 이들도 내면의 감정은 속일 수 없습니다. 자신의 친절과 도움에 대해 상대가 반응을 보이지 않으면 화가 나고 내내 마음에 쌓아두거나 어떤 식으로든 억울함을 표현하기도 합니다.

한 예로 2유형 학생은 학교에서 친구들을 돕고 양보하고 친구의 마음을 헤아리는 데 에너지를 다 써버리고는 집에 와서 엄마에게 짜증을 부립니다. 또 밖에서 에너지를 다 소진했기 때문에 집에 오자마자 누워 쉬면서 엄마에게 "물 한 잔만 주세요", "그것 좀 갖다주세요" 하고 이것저것 시키는 경우도 있습니다.

제 주변의 한 주부는 경제적으로 여유가 있는 편이어서 사업 실패로 형편이 어려워진 친정 언니의 생활비를 보조해주었습니다. 그런데 이 언니가 나중에 사업이 성공해서 생활 형편이 좋아진 뒤 동생의 도움에 대해 고마움을 표현하지 않자 화가 나서 비꼬는 말투로 언니에게 퍼부었다고 합니다.

긍정적인 변화와 성장을 위한 조언

늘 주변 사람들을 관찰하고 관심을 가지는 2유형에게는 혼자만의 독립된 공간과 시간을 갖기를 권합니다. 관계지향적인 사람들이라 처음에는 어렵게 느껴지겠지만 자신의 욕구를 들여다봐야 합니다. 조용히 내면에서 올라오는 자신의 진정한 욕구를 생각하고, 뭔가 떠오른다면 거부하거나 무시하지 말고 차분히 인정하십시오.

지금까지 상대가 원하든 원치 않든 먼저 다가가 남을 돌보는 데 에너지를 과하게 썼다면 이제는 그 에너지를 자신에게 쓸 것을 권합니다. 처음에는 자신의 욕구를 챙기는 것에 대해 죄책감이 들 수도 있습니다. 하지만 자신의 내면을 바라봐야 합니다. 타인이 자신에게 주는 것을 감사하는 마음으로 받는 법도 배우고, 또 타인의 요구를 거절하는 연습도 꾸준히 하십시오.

타인을 돌보는 것도 좋지만 자신을 먼저 사랑하는 것이 진정한 사랑이라는 것을 지각해야 합니다.

◆ 2유형 엄마의 사례 ◆

상냥하고 친절한 수혁이 엄마는 주변 사람들에게 '천사표 엄마'라는 이야기를 듣습니다. 남자아이 둘을 키우는 그녀는 자녀에게도 사랑을 듬뿍 주는 좋은 엄마입니다. 하나부터 열까지 모든 것을 세세하게 챙겨주고, 부족한 게 없는지 늘 살피고 관찰합니다.

게다가 남편에 대한 서비스도 대단해서 일어나자마자 냉수한 컵과 신문을 대령합니다. 샤워하고 나오면 바로 입을 수 있게 속옷을 챙기는 것은 물론 식사, 구두 준비 등 모든 것을 원스톱으로 할 수 있도록 준비해둡니다.

수혁이 엄마는 자신이 없으면 남편과 아이들이 아무것도 할수 없다고 생각하며 희생과 봉사의 정신으로 돌봅니다. 남편과 아이들은 손 하나 까딱하지 않아도 될 만큼 모든 것을 챙겨주기 때문에 아주 편합니다.

그녀는 동네 엄마들과도 잘 지냅니다. 집으로 자주 초대해 항상 먹을 것을 만들어주기 때문에 주변에서는 퍼주기 좋아하는 마음씨 착한 아줌마로 통합니다. 수혁이 엄마는 좋은 엄마,

좋은 아내, 좋은 사람, 친절한 사람으로 생각되는 것을 좋아합니다.

하지만 헌신적인 엄마가 마냥 좋은 것은 아닙니다. 아이들에게서 실수를 통해 뭔가를 배울 수 있는 기회를 빼앗기도 한다는 것을 알아야 합니다. 엄마의 지나친 헌신과 관심이 자녀를 '마마보이', '헬리콥터보이'로 키울 수 있다는 것이지요. 엄마의 도에 넘치는 사랑 때문에 자녀는 독립심을 키울 기회를 얻지 못하고, 한편으로 엄마의 사랑에 부담감을 느낄 수도 있습니다. 이것은 반드시 개선해야 할 점입니다.

3유형
어떠한 상황에서도 성공을 해내려는 성취자

　인생 최대의 목표를 성공에 두는 3유형 엄마들은 자신의 성공은 물론 자녀의 성공적인 삶을 원합니다. 물론 모든 엄마들이 자녀의 성공을 원하지만, 특히 3유형 엄마들의 경우 성공과 성취에 몰입합니다. 이들은 성취를 위해 목표를 세우고 그 목표를 달성하기 위해 피나는 노력을 하므로 자녀에게 존경을 받기도 합니다. 하지만 엄마의 과도한 성취 욕구로 자녀가 주눅이 들기도 하고, 자녀가 자신의 욕구에 미치지 못하면 엄마가 좌절하기도 합니다. 이 점은 특히 주의해야 할 부분입니다.

　3유형의 특성을 잘 알게 되면 자신을 찾아가는 데 많은 도움이 되리라 생각합니다.

모든 일을 성공으로 이끄는 적극적인 행동가

　3유형은 자신의 삶에서 일이든 자녀 교육이든 모두 성공적으로 이루기를 원합니다. 성취동기가 인생 전반에 영향을 주어 성공적인 삶을 위해 부단히 노력하고 최선을 다하기 때문에 에너지가 넘치고 적극적입니다. 이들은 가치 있는 사람이 되기 위해 빡빡한 일정표대로 움직이기 때문에 늘 분주하고 생산적으로 활동합니다.

이들은 긍정적 사고와 적극성으로 모든 일을 추진하기 때문에 다방면에서 성공적인 모습을 보이는 팔방미인입니다. 연예계 및 방송계, 정계, 경제계 등 다양한 분야에서 능력을 발휘합니다. 이들은 무대에 서는 주인공처럼 언제 어디서든 성공한 이미지로 돋보이고 싶어 하며 자신의 가치를 인정받기를 원합니다. 성공하지 못하면 가치 없는 사람이라 생각하기 때문에 성취를 통해 많은 사람들에게 인정받으려 하는 것입니다.

3유형은 사회가 요구하는 정형화된 성공 이미지로 사람들의 롤 모델이 되기도 합니다. 또한 급박한 상황에서도 위기관리 능력을 발휘해 발 빠르게 헤쳐 나가는 뛰어난 승부사입니다. 어떤 상황에도 능동적으로 잘 대처하기 때문에 배울 점이 많다는 말을 듣는 능력자들입니다.

경쟁적인 승부사

3유형은 삶 전반에서 성공하기를 바라기 때문에 가정에서도 사회에서도 크든 작든 무엇이든 경쟁해서 성취하는 것을 목표로 삼습니다. 성공이라고 정의되는 모든 것을 쟁취하려는 승부욕을 가지고 있지요. 남들과 비교해서 자신의 가치가 뒤처진다거나 부족하다고 느끼면 수치심을 갖고 어떻게든 이겨야 한다고 생각합니다. 지는 것 자체가 실패를 의미하기 때문입니다.

3유형은 학창 시절 친구와 1등을 놓고 밤을 새워가며 치열하게 공부했던 경험을 가진 사람들이 많습니다. 이들은 건강을 생각해서 운동을 할 때도 다른 사람과 비교하며 '내가 먼저 익히고 조금이라도 잘해야 해' 하고 생각하는 사람들입니다. 자신감에 차서 경쟁을 통해 자신이 이룬 결과물을 자랑하거나 잘난 척을 해서 주변의 눈총을 맞기도 합니다.

이들은 자신의 사생활을 희생해서라도 비교, 경쟁해서 목표를 성취합니다. 경쟁을 통해 어떤 실적을 올리거나 결과물을 내놓는 데 뛰어난 능력을 보입니다. 이들은 또한 주변 다른 사람들이 성공적으로 해낼 수 있도록 동기부여를 잘합니다. 동료들의 의욕을 북돋아주는 리더 기질을 갖추고 조직을 목표지향적으로 이끌기도 합니다.

효율성을 강조하는 유형

3유형은 자신이 원하는 것을 얻기 위해 '할 수 있다'는 긍정적 사고로 실천해 나갑니다. 매사에 효율적으로 일을 진행하기 때문에 짧은 시간 안에 가장 빨리 잘할 수 있는 것이 무엇인지 본능적으로 찾아낼 수 있습니다. 즉, 시간과 노력 대비 결과가 매우 좋기 때문에 성취물을 바라보며 큰 기쁨을 얻습니다.

한 예로 초등학생 자녀가 있는 3유형의 워킹맘은 아침 식사를 하면서 딸의 숙제를 봐줍니다. 한쪽에 쌓아둔 아파트관리비와 기타 공과금 고지서를 챙기면서 식탁을 정리하고 출근을 합니다. 하지만 효율성을 너무 중요시해 동시다발적으로 일을 추진하기 때문에 종종 사무실에 가져갈 중요한 물건을 챙기지 못하는 등 실수를 할 때도 있습니다.

3유형은 무엇을 성취하는 데 걸림돌이 된다고 생각하면 감정도 억누릅니다. 즉, 효율적으로 일을 처리해 성공해야 한다는 집착이 강하기 때문에 쓸데없는 감정 소모도 없고 에너지를 낭비하지도 않습니다. 이들은 성공과 성취를 위해 감정마저 억누른 채 끊임없이 앞만 보고 달리기 때문에 감정이 메마른 사람처럼 보이기도 합니다.

이들은 자신이 원하는 것을 획득해 사람들에게 칭찬과 인정을 받을 때 자신감이 충만하고, 살아 있음을 느끼며, 삶의 의욕이 넘칩니다. 하지만 사회적 지위와 개인적 성공을 위해 효율성을 강조하는 경향이 있어 타인의 무능이나 비효율성을 한심하게 보거나 게으르다고 생각해 무시할 때가 있습니다. 이로인해 인간관계가 다소 매끄럽지 못합니다.

실패는 No!

성공은 그냥 얻어지는 것이 아닌 만큼 이들은 목표를 세우고 결과를 얻기 위해 눈물겹게 노력합니다. 만약 실패하면 무능력하고 가치 없는 사람이라는 말을 들을까봐 두려워하기 때문에 실패할 것 같은 일에는 아예 도전을 안 하기도 합니다. 또한 실패를 하면 패배를 인정하지 않고 핑계를 대며 합리화시키거나 남의 탓을 합니다.

한 예로 부동산 투자 실패로 손해를 본 어느 주부는 왜 그렇게 손실을 보게 되었느냐고 묻자 "정부의 부동산 정책이 변경돼서요" 하고 말하고는 슬그머니 자리를 떠나버리기도 했습니다. 3유형은 어린 시절 부모에게 혼났다거나 성적이 떨어졌던 일처럼 부정적인 기억은 싹 지워버리고 미술대회에 나가 상장을 받은 일 등 성공적이고 좋았던 일만 떠올리는 '선택적 기억'을 하기도 합니다.

다양한 이미지를 연출하는 유형

3유형은 많은 사람들에게 유능하고 매력적인 이미지로 보이기 위해 성취동기를 발동합니다. 상황에 맞게 자신의 이미지를 관리, 연출하는 것이지요. 무대의 화려한 조명 아래서 환호와 박수를 받고 싶어 하는 이들은 뒤처지거나 낙오자가 될까봐 매우 두려워합니다. 그래서 늘 성공한 이미지를 보여주려고 끊임없이 애씁니다.

이들은 능력 있고 똑똑하고 괜찮은 사람이라는 인정을 받기 위해 성공한 사람들과 친분 관계를 맺고, 그들과 자신을 동일시합니다. 한 예로 어느 중년 여성은 자신이 구청장과 친분이 있고 국회의원과 아는 사람이라고 말하고 다닙니다.

3유형은 또한 지위, 자격증, 상장, 학위 등 성공의 징표로 생각하는 것들을 획득하기 위해 애씁니다. 많으면 많을수록 좋다고 여겨 자신을 성공한 사람으로 포장해줄 뭔가를 여기저기서 찾습니다. 이를테면 3유형의 어느 여대생은 명품백을 살 형편이 안 되자 모조품을 들고 다닙니다. 그런가 하면 재활용품 분리수거장에서 명품 브랜드 로고가 찍힌 쇼핑백을 주워와 준비물 가방 같은 것으로 쓰기도 합니다. 즉, 내면을 보지 않고 겉으로 드러나는 어떤 결과물을 과하게 좇는 성향이 강한 것입니다.

성공에 대한 욕망

3유형의 사람들 중에는 성공에 집착한 나머지 본의 아니게 거짓말을 하는 경우도 있습니다. 이들은 성공과 성취에 집착하기 때문에 성공한 모습으로 보이기 위해 외적으로 드러나는 사회적 성공 역할 모델을 만듭니다. 이때 3유형의 기만적 행동이 나타납니다. 학위나 자격증, 성공한 사람 등 어떠한 것과 자신을 동일시해서 마치 그것이 자신인 양 드러내는 것입니다. 한 예로 유명 대학 교수가 연구 과정에 참여하지 않고도 대학원생들의 프로젝트 작업으로 이루어진 논문을 자기 이름으로 발표하는 경우가 있었습니다.

3유형은 실패에 대한 열등감을 감추기 위해 자신을 속이고 상대를 속입니다. 남들이 알아주지 않는 봉사활동은 하지 않고 지역신문에 보도되는 등 겉으로 드러나는 봉사활동만 찾아서 합니다.

때때로 불리한 상황에 몰리면 실패한 사람이라는 것을 감추기 위해 거짓말도 합니다. 한 예로 학부모 모임에 나갔던 어느 주부는 다른 사람들이 모두 요리 솜씨를 자랑하고 나서자 자기도 모르게 한 번도 해본 적 없는 가자미식해를 할 수 있다고 말했다고 합니다.

이들은 성공을 위해서는 수단과 방법을 가리지 않으며, 남을 이용해서 올라가는 경우도 있습니다. 과정보다는 성취라는 결과물에 집착하고, 그것이 속임수와 기만으로 나타나는 것입니다.

긍정적인 변화와 성장을 위한 조언

성공을 위해서 무의식중에 사고하고 행동하는 무한 질주와 경쟁심을 내려놓아야 합니다. 특히 성공이 진정 자신을 위한 성취가 아니고 남에게 성공한 사람으로 보이기 위한 것이라면 더더욱 그것을 알아차려야 합니다.

물론 자신이 평생 지켜온 신념을 내려놓자니 처음에는 가치 없는 사람이 되는 것 같아 수치스럽고 두려울 것입니다. 그럴 때는 자신의 그릇된 경쟁심을 알아차리고, 자신이 진정 원하는 것이 무엇인지 내면으로 깊이 들어가 의식적으로 생각해보십시오.

사람이 살면서 늘 성공할 수만은 없습니다. 실패도 나의 것이고 인생의 경험이라 생각하며 받아들이고 인정해야 합니다. 결과도 중요하지만 열심히 노력하는 과정도 매우 소중하기 때문입니다.

◆ 3유형 엄마의 사례 ◆

남들에게 지는 것을 싫어하고 샘도 많은 동훈이 엄마는 매력적이고 똑똑합니다. 그녀는 남들에게 성공한 사람으로 보이고 싶어서 남편도 외적인 면에 많은 가치를 두고 선택했습니다. 시댁도 남부럽지 않은 집안인 데다 남편 역시 사회적 지위와 경제적 여건을 고루 갖춘 사람이어서 그녀는 전업주부로서 자녀 교육에 최선을 다하고 있습니다. 아이들을 남보다 뒤처지게 하고 싶지 않아 외국 어학연수도 적극적으로 지원하고, 아이를 따라 외국에 같이 갈 만큼 열성적입니다.

그녀는 아이들의 학원 스케줄이나 학습과목 등을 자신이 정하고, 아이들이 자신의 기준에 맞춰 일사불란하게 목표를 향해 매진하기를 바라며 적극적으로 밀어주고 있습니다. 자녀가 학생회장이 되거나 특수영재반 또는 특기생 등으로 선정되는 것이 엄마 역할을 성공적으로 해내는 것을 증명한다고 생각해 어떻게든 그렇게 만들려고 노력 중입니다.

모든 일을 경쟁적으로 생각하고 결과를 중요시하는 엄마 때문에 아이들이 힘들어 할 때가 많지만 동훈이 엄마는 아랑곳하지 않습니다. 그녀는 자녀 교육뿐만 아니라 가정생활도 성공적으로 만들기 위해 최선을 다합니다. 그녀에게는 무엇이든 성공적인 이미지가 중요하기 때문입니다.

4유형
고유한 정체성을 추구하는 예술가

자신이 누구인지를 알고 싶어 늘 감정에 깊이 빠져 있는 4유형 엄마는 감각이 뛰어나고 감수성이 예민해 뛰어난 예술적 기질을 타고난 경우가 많습니다. 자신의 감정에 몰입하기 때문에 간혹 가족이나 친구 등 주변보다 자신의 감정을 우선시할 때도 있습니다.

감정이 풍부한 4유형 엄마는 자녀의 정서를 잘 이해하고 자녀와 깊은 정을 나눕니다. 하지만 이들의 과도한 감정 표현을 자녀가 감당하기 힘들어 하는 경우도 있으므로 이 점을 세세히 살펴야 합니다.

4유형의 성격적 특징을 알아보고 자신을 찾아봅시다.

아름다움을 창조하는 예술가

깊은 내면에서 올라오는 독특함과 창조성은 4유형만의 예술

혼으로 표현됩니다. 이들은 미적 감각이 뛰어나 작은 들꽃이나 바닷가의 모래알에서도 세상의 아름다움을 발견하고 자신만의 의미와 가치를 부여해 창조적으로 표현하는 능력이 탁월합니다. 또한 자신만의 감정 세계와 사랑에 대한 탐구로 고통과 섬세함과 부드러움을 로맨틱한 감성으로 표현하는 예술가들입니다. 빗방울 소리를 듣고 한 편의 시를 창작하거나 음악으로, 동작으로 표현하는 감각이 뛰어납니다. 보통 사람들이 그냥 지나치는 것에서도 아름다움과 슬픔을 발견해 특별한 의미와 가치를 부여하지요.

4유형의 깊은 내면은 샘물처럼 솟아나는 감정에서 비롯됩니다. 그래서 이들 가운데는 소설가, 미술가, 음악가, 극작가, 시인이 많습니다. 아울러 자신의 감정이 섬세할 뿐 아니라 타인의 감정에도 공감하고 교류하는 능력이 뛰어나기 때문에 유능한 상담자도 많습니다.

내면에 몰입하는 유형

남들과 다른 정체성을 갖기 원하는 이들은 자신이 누구인지 알기 위해 내면에 몰입합니다. 자신의 내면에서 올라오는 정말 중요한 뭔가를 상실했다고 생각하고 그것을 꼭 찾아야 한다고 생각합니다. 자신이 상실한 것이 무엇인지, 자신이 무엇을 원하는지, 무슨 생각을 하는지, 어떤 감정을 느끼는지 잘 알고 싶어 합니다. 이들은 자신에 대한 진실을 이해하려고 노력하며,

자신의 생각이나 감정을 솔직히 표현합니다.

한 예로 커피와 은은한 분위기를 좋아하는 4유형의 어느 주부는 화창한 날 많은 사람들이 즐겁고 행복해하는 모습을 보면 갑자기 슬픈 감정이 일어난다고 합니다. 그녀는 눈가에 맺히는 이슬을 발견하고는 '나는 왜 다른 사람들처럼 행복하지 않은가'를 스스로에게 묻고 깊은 생각에 빠집니다.

이렇듯 4유형은 자신에게 일어나는 모든 것을 알고, 느끼고, 표현하고 싶어 합니다. 또한 자신의 부정적인 부분을 잘 알고 받아들이며 고통을 잘 견뎌내는 이들은 자신의 내면적 고통을 승화시켜 창의적으로 표현하는 예술적 능력을 보입니다. 이들은 정서적으로 예민해서 심미적이고 낭만적인 분위기를 좋아하므로 음악이나 커피, 초 등 신비로운 감각적 환경을 원하고 그런 환경에 심취하기도 합니다.

4유형은 극적인 자아를 꿈꾸며 감정에 몰입할 수 있도록 스스로 몽환적인 환경을 만들기도 합니다. 상실에 대한 갈망과 슬픔의 강렬한 느낌을 이상적인 사랑과 환경에서 찾는 것입니다.

평범함은 No!

남들과 다른 독특함을 원하는 4유형은 평범해지는 것을 두려워합니다. 다른 사람들과 같아지거나 비슷해지면 자신의 정체성을 잃게 된다고 생각하기 때문입니다. 한 예로 어느 초등학생은 평범하거나 수수한 옷보다는 색상이나 디자인이 특이

한 옷을 좋아합니다. 또 액세서리나 옷이 친구들의 것과 같거나 비슷하기만 해도 절대 입거나 착용하지 않는다고 합니다. 톡톡 튀는 개성과 도도함, 독특함이 바로 4유형의 매력인 것이지요.

4유형은 반복적이고 획일적인 일, 규칙이나 틀 등 평범하고 일상적인 것을 무시 또는 거부합니다. 청소기 돌리기, 화장실 청소, 가계부 적기 등 늘 반복되는 일을 아주 싫어합니다. 무의미하고 개성 없는 일을 하는 것은 이들에게 견디기 힘든 상황이기 때문입니다.

이들은 다람쥐 쳇바퀴 돌듯 반복되는 회사생활을 힘들어 하고, 그 속에서의 지시와 명령은 더욱더 견디지 못합니다. 한 예로 어떤 여성은 누군가가 자신에게 강압적으로 명령하는 것을 견디지 못해 몇 번이나 이직을 했다고 합니다.

갈대와 같은 감정기복

4유형의 감정적 특징은 불안입니다. 다른 사람들이 자신을 이해하지 못할까봐 두렵기 때문입니다. 이들은 거부당할지도 모른다는 사실을 너무 예민하게 받아들입니다. 상대가 아무 뜻 없이 한 농담이나 사소한 일에도 예민하게 반응해 상처를 받고 우울해합니다.

이들은 자신의 긍정적인 부분은 보지 않고 늘 부족한 부분만 보기 때문에 상실감과 좌절감으로 더욱 우울해합니다. 또한 자기감정에 충실하기 때문에 감정기복이 심해 다른 사람들을 힘들게 할 수도 있습니다. 다른 사람들이 자신을 이해하고 받아들여주기를 원하지만, 그것이 충족되지 않으면 상처를 받고 우울한 감정에 빠져듭니다. 우울함은 이들에게 마치 숨을 쉬듯 친숙한 감정입니다.

시골에 사는 어느 4유형의 주부는 자녀들이 공부를 잘하는데다 성격도 좋아 항상 잘 웃고 신나게 뛰노는 것을 보고 행복해하다가도 갑자기 슬퍼집니다. 삶이란 늘 즐겁고 웃을 일만 있는 것이 아니기 때문에 남편과 자녀들이 자신을 이해하지 못할 때는 갑자기 슬픈 감정이 치밀어 주체하기 힘듭니다. '내가 왜 여기 있지' 하는 우울한 감정이 올라올 때는 혼자 멍하니 앉아 있을 때가 많습니다.

또 다른 예로 유치원에 다니는 남자아이는 나중에 결혼하기로 약속한 여자아이가 이사를 가게 되자 깊은 슬픔에 빠졌습니다. 헤어지는 것이 슬퍼 잠도 안 자고 울다가 다음 날 유치원에 지각을 할 정도였습니다. 이 아이의 엄마는 4유형 아들의 부드럽고 섬세하고 예민한 정서를 이해하기 힘들 때가 많다고 말합니다.

위의 사례에서 보듯 사람들은 감정기복이 심한 4유형과 상대할 때 "어느 장단에 춤을 춰야 할지 모르겠다"는 말을 자주 합니다. 4유형의 마음은 갈대와 같아서 종잡을 수 없고 상대가 쉽게 파악할 수 없습니다.

'상처받은 사람'

다른 사람들과 항상 비교하면서 부족하고 보잘것없다고 생각하는 이들은 다른 사람들과 멀리 떨어져 있으면서도 그들이 자신에게 관심을 보여주기를 원합니다. 그것이 충족되지 않으면 우울해하는 반면 그런 감정을 즐기기도 합니다. 이들은 과거의 즐거운 기억보다는 상처나 슬픔에 매달려 스스로 비련의 주인공이 되려고 하는 경향이 있습니다. 즉, 끊임없이 자기연민에 빠지는 것입니다. 그것이 다른 사람들에게는 없는 자신만의 고통이라고 생각하고, 자신은 '상처받은 사람'이기 때문에 특별대우를 받아야 한다고 생각합니다. 즉, 감정적으로 특별한 보살핌을 받을 권리가 있다고 인식하는 것입니다.

그래서 많은 4유형들이 비극적인 면을 연출합니다. 슬픈 추억이 깃든 스카프를 간직하며 의미를 부여하거나 어릴 때의 감정을 간직하기 위해 보라색 옷을 소중히 보관하는 등 이들의 표현은 다소 부자연스럽습니다. 이를테면 독특한 모자와 스카프로 남과 다른 패션을 연출하는 한 주부는 목소리 톤이 독특하고 동작도 백조처럼 우아하다고 합니다. 그래서인지 사람들은 4유형을 도도하다고 느끼며, 가까이하기엔 너무 멀게 느껴진다는 표현을 자주 합니다.

4유형은 고통, 이별, 죽음 등 부정적인 면에 끌리기도 합니다. 삶에 대해서도 말하지만 보통 사람들이 잘 다루지 않는 죽음에 대해서도 말합니다. 이들은 "늙고 추한 모습을 보이기 전에 죽고 싶다"고 말하기도 합니다.

늘 새로운 것을 추구하는 이유

다른 사람과 차별화하기 위해 새로운 것을 추구하는 이유는 삶에서 늘 뭔가가 결핍돼 있다고 생각하기 때문입니다. 그 부족함을 채우고 남들과 다르기 위해 끊임없이 갈구하는 것이지요.

4유형은 다른 사람들이나 친구들은 가치 있고 완전하다고 생각하는 반면, 자신은 늘 삶에서 인정받지 못하고 부족하다고 여깁니다. 그래서 늘 외롭고 우울한 감정이 들기 때문에 남들이 가진 것을 부러워하고 시기와 질투를 느낍니다. 그러면서 시기하는 자신에 대해서는 수치심을 느낍니다. 부정적인 사고는 우울한 감정을 불러들이고, 그것은 늘 자기비하로 이어집니다.

그래서인지 이들은 자신이 누리는 것은 당연하다고 생각하고, 자신에게 없는 것을 다른 사람이 가지거나 누리면 그것을 선망하면서도 인정하지 않고 상대를 비방하거나 깎아내리기도 합니다. 예를 들면 한 주부가 대학 때 별로 잘난 것도 없던 친구가 결혼을 잘해서 부유하게 산다는 소식을 들었습니다. 그녀는 "얼굴도 못생겼는데 남편 잘 만나서 호강하네" 하고 빈정거리고는, 이후로 대학동창 모임에 절대 참석하지 않았습니다.

이런 마음은 사람들과 더욱 동떨어지게 만들고, 그럴수록 이들의 감정은 더 우울해지게 마련입니다. 그래서 4유형은 종종 자신만의 환상 속에 갇히기도 합니다.

긍정적인 변화와 성장을 위한 조언

자신이 남과 다르다고 생각하고, 또 그렇게 되기 위해 음으로 양으로 애쓰고 있다는 점을 인식하고 그 집착을 내려놓아야 합니다. 무엇보다 자신의 감정을 통해 독특한 정체성을 만들고 우울한 감정에 빠져들고 있음을 알아차려야 합니다. 감정적으로 뭔가를 갈망하거나 부정적인 정서가 느껴질 때는 빨리 의식하고 자신을 바라봐야 합니다. 우울하고 슬픈 감정에 빠져들지 말고 '아, 우울한 감정이 올라오는구나' 하고 자각해야 합니다.

즉, 강렬한 감정이 오르내려도 이를 인식하고 일관되게 행동해야 합니다. 상상과 환상적 사고에서 벗어나 현재 자신의 모습을 그대로 인정하고 감사해야 합니다. 평범의 가치를 이해하고 현실과 직면해 받아들이십시오. 4유형의 장점인 고유하고 독특한 창조성을 발견해 발휘할 수 있도록 자신의 자질을 인정해야 합니다.

◆ 4유형 엄마의 사례 ◆

창의적이고 미적 감각이 있는 미정이 엄마는 내성적인 편으로 유치원, 초등학생 아이를 키우고 있습니다. 독특하고 특별한 것을 좋아하는 그녀는 자신은 물론이고 자녀들도 다른 아이에 비해 톡톡 튀는 옷을 입힙니다.

아침에 남편과 아이들이 나가고 나면 우선 자신이 좋아하는 음악을 틀고, 좋아하는 향초를 켠 뒤, 커피를 마시며 여유롭게 자신만의 시간을 즐깁니다. 그런데 그렇게 조용히 있다가 문득 '내가 지금 뭐 하고 있지' 하고 한심하게 느낄 때가 있습니다. 갑자기 자신도 모르게 울컥 치미는 슬픔을 주체하기 어려울 때면 그녀는 무작정 버스를 타고 어디든 한 바퀴 휙 돌고 옵니다.

그녀는 아이들을 정서적으로 따스하게 대하다가도 가끔 자신의 감정을 주체하지 못해 아이들에게 정서적 압박감을 줍니다. 즉, 감수성이 예민해서 슬프면 방에 들어가 혼자 울기도 하고, 갑자기 화가 치밀면 짜증을 내는 등 자신의 감정을 있는 그대로 드러내는 것입니다. 그녀의 변덕스러운 감정 변화에 아이들은 어쩔 줄 모르고 난감해합니다. 아이들에게 엄마는 좋을 때는 아주 친절하고 따뜻하지만, 우울함을 표현할 때는 다가서기조차 힘든 존재입니다.

5유형
궁금한 것이 많아 지식을 쌓는 탐구자

차분하고 말수가 적은 5유형 엄마들은 책이나 인터넷 등 다양한 매체를 통해 필요한 정보를 수집하는 등 지적인 성향이 강합니다. 알고 싶은 것이 많고 호기심이 강하기 때문에 전반적으로 지적 욕구가 강하며, 자녀 양육과 생활 면에서도 지적이고 탐구적인 자세를 보입니다.

이들은 내심 자녀의 마음이 궁금하고 알고 싶지만 적극적으로 다가서지는 않고 한 걸음 물러나 관망하는 유형입니다. 5유형 엄마들의 소극적인 행동과 지나친 침묵은 자녀에게 거리감을 느끼게 해서 문제가 되기도 합니다. 또한 사회생활에서 인간관계를 소홀히 하는 측면이 있고, 자녀의 사회성 향상에도 다소 소극적인 자세를 보입니다.

5유형 엄마들의 성격 특성을 이해함으로써 자신을 알아봅시다.

지적 호기심이 많은 탐구자

지적이고 현명하기를 바라는 5유형은 일상생활에서 일어나는 사건이나 현상을 그대로 지나치지 않습니다. 이들은 '왜 그렇지?', '이유가 뭘까?', '이게 뭐지?' 하고 늘 호기심을 느끼며 알고 싶어 하고 이해하고 싶어 합니다. 즉, 자신을 둘러싼 모든 사물이나 사람을 그냥 느끼기보다는 객관적으로 관찰합니다. 또한 이성적이고 논리적인 이들은 사물을 깊이 바라보는 통찰력이 있어 정확하게 판단하고 현명한 결정을 내립니다. 무지로 인해 어리석은 판단을 하게 될까 두려워 철저한 조사와 정보 수집으로 항상 사전준비를 완벽하게 하는 것도 특징입니다.

말수가 적고 차분하며 신중한 이들은 문제를 분석, 또 분석해 핵심을 파고드는 집요함을 보입니다. 자신이 관심 있는 분야가 있으면 최대한 집중해서 몰입하므로 깊이 있게 연구하고 전문가적 지식을 갖추기도 합니다. 또한 상상력이 풍부하고 지적 호기심이 많기 때문에 일반인은 생각지 못하는 독특한 분야에 관심을 가집니다. 즉, 독특한 것, 환상, 우주의 원리, 신비한 것 등 다소 엉뚱하고 기괴하며 남들이 알지 못하는 것에 관심을 보입니다.

세상의 모든 것을 알아야 하기 때문에 늘 궁금해하며 탐구하고 공부하는 5유형에는 학자나 연구원, 과학자 등이 많습니다.

아는 것이 힘

5유형은 지혜로운 사람, 현명한 사람, 잘 아는 사람으로 불리기를 원합니다. 무식하다는 소리를 듣고 자신의 존재가 무가치하게 느껴질까봐 두려워하는 것이지요. 즉, 알아야 편안함과 안전감을 느끼는 것입니다. 이들은 현명한 사람이 되기 위해 자신의 내면까지 깊숙이 들어가 지혜를 찾으려 하기 때문에 한 분야의 전문가가 되기도 합니다. 한 예로 석사학위가 3개인데도 그와 연관된 석사 과정을 또 등록한 사람도 있습니다. 또 동양사상에 관심이 많아 집요하게 공부한 한 직장 여성은 사주학에 정통하게 되었습니다.

5유형의 경우 지식이 힘이기 때문에 무엇이든 이해하고 탐구하는 능력이 남보다 뛰어납니다. 또한 내면이 불안하고 텅 빈 것 같기 때문에 이를 채우기 위해 수집욕을 보이기도 합니다. 즉, 어떤 주부는 쓸모없는 오래된 물건이나 불필요한 책을 쌓아놓고, 한 농부는 창고에 온갖 농기구와 연장을 종류별로 정리해놓기도 합니다.

5유형은 자신만의 방식으로 삶을 이해하고 혼자만의 공간, 시간 속에서 정리하고 파악하고 싶어 합니다. 그래서 인터넷이나 책에서 정보를 수집하고 세미나를 쫓아다니며 욕구를 충족하는 것입니다. 조용하고 조심스럽게 행동해 겉으로는 얌전해 보이지만 이들의 내면은 복잡하고 시끄럽습니다. 머릿속으로 늘 생각을 하느라 에너지를 많이 쓰기 때문에 신체적으로 금방 지치는 경우가 많습니다.

이들은 아는 것에 집착해서 정보와 지식에 탐욕을 보일 뿐 아니라 시간, 공간, 돈 등 모든 자원에도 지나치게 욕심을 부립니다. 하지만 자신의 내면에서 찾지 못하고 계속 숨어들고 매몰돼 결국 공허함만 느끼게 됩니다.

객관적 관찰과 논리적 분석

5유형은 이성적이고 객관적인 사람입니다. 세상에 쓸모 있는 사람이 되기 위해서는 알아야 하고, 알기 위해서는 먼저 관찰을 해야 합니다. 이들은 어떤 상황 속에 확 들어가지 않고 한 걸음 뒤로 물러나 객관적으로 살피고 분석합니다. 그래서 주로 구석진 자리에 앉기 때문에 눈에 띄지 않아 많은 사람들이 존재를 눈치채지 못하는 경우가 많습니다.

이들은 늘 먼발치에서 제3자의 이성적인 눈으로 냉정하고 객관적으로 관찰하는데, 이것은 감정을 다루는 데 취약해 어떤 상황에 감정적으로 휘둘리지 않기 위해서입니다. 즉, 상황과 자신을 분리해 '이 상황이 뭐지?', '이럴 땐 어떻게 하지?' 하고 머리로 생각하는 것입니다. 5유형은 생각을 할 뿐 상황에 뛰어들지 않습니다. 그러고 나서 혼자만의 조용한 공간에서 시간을 가지고 논리적으로 분석하고 정리합니다.

그래서 많은 사람들은 5유형을 보고 "어떻게 그런 상황인데도 무표정이지?", "그 지경인데 왜 아무 행동을 취하지 않지?"

하고 혀를 내두릅니다. 제대로 알지 못하고 머리로 이해되지 않으면 행동으로 옮기지 않기 때문에 먼저 관찰한 뒤 판단하지만, 이들이 말하고 행동할 때는 이미 상황이 종료된 경우가 많습니다.

이렇듯 5유형은 탐구해서 충분히 머리로 이해가 돼야 행동에 옮기는 스타일입니다. 예를 하나 들어보겠습니다. 가족과 빙어 낚시터에 도착한 한 중년 남성은 얼음판 위에 텐트 도구를 내려놓고 주변을 살핍니다. 텐트를 어떻게 설치하는지 잘 모르기 때문에 일단 주변을 두리번거리다가 멀리 떨어진 곳에서 설치하는 것을 보고 달려가 관찰합니다. 그렇게 배우고 익힌 뒤에야 텐트를 설치하는 것이지요. 또한 빙어 낚시도 처음이라 다른 사람이 낚시하는 것을 유심히 관찰하고 배워서 낚시를 시작합니다.

이처럼 5유형은 충분히 머리로 이해되고 알아야 행동으로 옮기기 때문에 시간이 많이 걸립니다.

감정이 메마른 냉정한 유형

5유형은 감정마저도 분석하고 관찰합니다. '이 느낌이 뭐지? 왜 이런 감정이 드는 거지?' 하고 이성적으로 분석합니다. 이처럼 자신의 감정까지 분석해서 객관적으로 바라보기 때문에 이들은 감정표현도 인색합니다. 자신의 감정을 바로 표현하지 하지 못하기 때문에 냉정하다는 말도 듣습니다.

이들은 감정을 다루는 데 서투르기 때문에 직접 뛰어들기보다는 움츠리거나 뒤로 물러나 이성적으로 관찰합니다. 감정적으로 휘말려 현명한 판단을 내리지 못하거나 실수를 할까 두려워 자신의 감정까지 분석, 또 분석한 뒤 최대한 이성적으로 말하는 것입니다. 그래서 5유형은 감정이 메마른 사람이라는 이야기를 자주 듣습니다.

이들은 또한 자신의 감정을 잘 드러내지 않을뿐더러 과도한 신체 접촉을 불편해하고 스킨십도 힘들어 합니다. 한 예로 부부가 거실에 앉아 텔레비전을 보던 중 남편이 어깨에 다정하게 손을 올리자 화들짝 놀라며 불편해하는 아내도 있습니다. 사람들은 서로 교류하면서 얻는 게 많은데, 5유형은 관계하는 것을 거부하고 피하기 때문에 인간관계에 어려움이 많습니다. 자신의 감정뿐 아니라 타인의 감정도 이해하지 못하기 때문입니다.

혼자만의 공간

5유형은 혼자만의 공간에서 조용히 사색하는 것을 좋아합니다. 자신만의 공간에서 자신의 관심을 끄는 것들, 탐구해야 할 것들에 에너지를 쏟습니다. 이들은 사람들과 만나 의미 없이 수다를 떨면서 시간을 허비할 수 없습니다. 자신만의 공간에서 혼자 시간을 보내며 관심 분야의 정보를 수집하고 정리하기에 바쁘기 때문입니다.

또한 이들은 혼자만의 공간에서 내면세계에 깊이 빠지는 것을 오히려 편하게 생각합니다. 그래서 자신의 서재 또는 작은 공간이라도 소유하고 싶어 합니다. 한 예로 5유형 부부는 공동 공간도 있지만 각자의 공간을 따로 두는데, 집 안에 마땅한 공간이 없을 때는 승용차 안에서 혼자만의 시간을 보내기도 합니다.

다른 사람들은 혼자 고립돼 있는 이들을 보고 걱정하지만, 정작 이들은 그 공간을 소중하게 생각하며 그 안에서 편안함을 느낍니다. 그렇기 때문에 누군가가 자신만의 시간, 공간을 침범하는 것을 싫어합니다. 5유형이 혼자 있을 때 노크 없이 문을 열거나 뭔가에 집중하고 있을 때 함께하자고 하면 화를 내거나 불편해하는 것도 그 때문입니다. 즉, 5유형은 혼자 있으면서 에너지를 충전하는 사람들입니다.

절약의 생활화

5유형은 욕구를 자제하고 최소한의 자원으로 생활하기 때문에 사람들에게 절약정신이 과하다는 평가를 받습니다. 인색해 보인다거나 심지어 궁상스럽다는 말을 듣기도 합니다. 예를 들어 어느 주부는 경제적으로 풍족한 편인데도 항상 김밥 한 줄이나 빵으로 점심을 간단히 해결합니다. 끼니를 좀 제대로 챙기라는 남편과 자녀들의 말은 귓등으로 흘려듣습니다. 그녀는 세면대에 항상 바가지를 두고 거기에 물을 받아 손을 씻을 만큼 쓸데없이 자원을 낭비하는 일이 결코 없습니다.

5유형은 물질적인 것뿐만 아니라 시간, 지식과 정보 등 자신이 소중히 생각하는 것을 아끼고 절약합니다. 이들은 자신이 보유한 지식을 나누는 데 서투르기 때문에 획득한 정보를 꼭 쥐고 공유하지 않는 경우도 있습니다. 자신의 것을 내주면 자신의 내면이 더욱더 공허해진다고 생각해 지식, 정보, 물건, 돈, 시간 등 모든 자원을 아끼며 인색하게 살아갑니다.

이런 식으로 '안 주고 안 받는다'는 괴팍한 논리를 내세우기 때문에 5유형의 인간관계는 그리 원만하지 않습니다.

긍정적인 변화와 성장을 위한 조언

세상의 모든 것을 알아야 한다는 집착을 내려놓아야 합니다. 진짜 아는 것은 행동이나 체험에서 나옵니다. 자신만의 세계에 갇혀 있지 말고 생각 속에서 벗어나 세상 밖으로 당당히 나와야 합니다. 늘 멀리서 세상을 관망하거나 관찰하지만 말고 적극적으로 개입해 다른 사람들과 교류하는 것이 중요합니다. 아직 세상에 나올 준비가 되지 않았다고 소극적으로 움츠러들지 말고 자신감을 가지고 적극적으로 활동하십시오.

◆ 5유형 엄마의 사례 ◆

고등학생, 대학생 자녀를 둔 민지 엄마는 조용하고 차분한 성격으로 늘 책을 가까이하고 외부 활동을 거의 하지 않습니다. 자녀들이 어렸을 때도 늘 조용히 책을 읽거나 차분하게 행동할 것을 요구했고 낮은 목소리로 대화를 나눴습니다. 그래서 항상 차분한 분위기가 유지되었습니다.

남편도 5유형이어서 부부가 서로 간섭을 하지 않고 자신만의 공간에서 시간을 보내기 때문에 집 안에는 냉기가 느껴지기도 합니다. 자녀들도 늦게 귀가하므로 개미가 지나가는 소리도 들릴 만큼 지나치게 조용합니다. 적막강산이라는 표현이 어울릴 정도지요.

그녀는 어떤 문제든 곰곰이 생각하고 혼자 자유롭게 있는 것을 좋아해서 자녀들이 다가와 뭔가를 요구할 때는 짜증을 내거나 조금 귀찮아 하는 경향이 있습니다. 자녀들이 빨리 성장해 독립하거나 결혼해서 분가하기를 은근히 바라기도 합니다.

그녀는 유머 감각이 있는 편이지만 자녀들과 감정적 교류가 별로 없어 자녀들이 엄마에게 거리감을 느끼고 거부당하는 것 같은 기분이 든다고 합니다. 자녀들을 외롭게 하는 엄마인 것이지요.

6유형
성실하고 책임감이 강한 협동가

늘 근심과 걱정이 많은 6유형 엄마는 성실한 사람이라는 평을 듣습니다. 지금의 세상은 위험한 곳이라고 생각하기 때문에 삶 전반에서도 자녀 양육에서도 늘 조심할 것을 당부합니다. 사실 세상에는 앞으로 일어나지 않을 일이 90%, 앞으로 일어날 일이 3% 미만이라는 연구결과도 있습니다. 하지만 지나치게 의심도 걱정도 많은 6유형 엄마들은 늘 위험에 대비해 미리 준비하고 성실히 노력함으로써 자녀의 신뢰를 얻습니다. 반면 끊임없는 걱정과 의심, 불안에서 비롯된 질문으로 자녀를 피곤하고 짜증나게 할 수도 있다는 데 유의해야 합니다.

6유형의 성격 특성을 알면 자신을 좀 더 깊이 이해하는 데 도움이 될 것입니다.

'나성실'과 '나착실'

6유형은 자신이 세운 목표와 맡은 일을 해내기 위해 성실히 최선을 다하고 착실히 마무리하는 유형입니다. 그래서 '나성실', '나착실'로 불리는 이들은 타의 모범이 될 정도로 성실히 노력합니다. 신뢰할 만한 공동체 안에서 윗사람에게 순종적이고, 배려와 이해로 다른 사람들과 원만한 관계를 이어가며, 또한 약자를 보호하는 역할을 합니다. 이들은 자신의 이익보다는 공동의 이익을 위해 노력하며, 법과 규칙을 중요시하고, 전통주의자로서 규칙과 격식에 맞는 것을 좋아합니다.

6유형의 인생 최대의 목표는 안전지상주의로 철저한 대비가 습관화돼 있으며, 안전한 삶을 위해 끊임없이 준비하는 유비무환 정신이 투철합니다. 이들은 자신이 믿고 따르는 정해진 룰 안에서 일하고 자신에게 주어진 만큼만 책임 있게 일합니다. 또한 자신에게 주어진 책임을 다하지 못하거나 잘못 처리해 질책을 당할까봐 두려워하기 때문에 문제가 생기면 책임을 타인에게 돌리기도 합니다. 즉, 자신의 잘못을 회피하기 위해 핑계를 대기도 하고 다른 사람을 비난하기도 하지요.

전통과 규칙을 잘 지키는 모범적 유형

6유형은 안전제일주의자이므로 어디든 안전한 곳이라면 충실합니다. 자신이 신뢰하는 사람에게는 믿음을 갖고 충실히 대하기 때문에 비서나 2인자 역할을 많이 합니다. 이들이 사람뿐만 아니라 자기가 믿는 신념을 충실히 믿고 따르는 것은 안전함을 느끼기 때문입니다.

융통성이 없어 고지식한 면도 있지만 전통이나 단체의 기본 룰이나 규칙을 잘 따르고 헌신하는 유형입니다. 규격화된 틀에 딱 맞춰 원리원칙대로 살기 때문에 '꽉 막힌 소시지'라 불리기도 합니다. 한 예로 면단위에 사는 한 주부는 늘 자녀를 승용차로 등하교시키는데, 안전을 위해 절대 신호위반을 하지 않습니다. 또 아무리 사소한 것이라도 한번 정해진 규칙은 절대 어기는 법이 없습니다.

6유형은 안전에 대해 지나치게 민감하기 때문에 다른 사람의 행동이나 말의 속사정을 재빨리 파악하고 상황에 신속히 대처하기도 합니다. 그래서 사람들은 이들에게 사전에 문제를 빨리 파악하는 능력이 있다고 말합니다.

온 세상 근심이 나의 것

이들은 지나치다 싶을 만큼 안전을 추구하는 까닭에 항상 불필요한 불안과 두려움에 시달리곤 합니다. 민감한 안테나가 위험을 감지하도록 작동하기 때문에 실제 일어나지 않은 일도 염려하고, 크든 작든 어떤 일이 발생하면 과하게 걱정을 하며 전전긍긍합니다. 6유형의 걱정 레이더는 건강이나 개인위생, 식품첨가물 등 이 세상에 해가 될 것 같은 모든 것에 민감하게 반응합니다. 한 예로 메르스 사태로 온 나라가 시끄러웠을 때 자녀들을 유치원이나 학원에 보내지 않은 사람들도 있었습니다.

6유형 엄마들은 자녀가 학교에서 친구들과 잘 지내는지 지나치게 걱정하는 경향이 있습니다. 자녀를 위험한 물가에 내놓은 아기 보듯 하기 때문에 늘 살얼음판을 걷는 심정이라고 말합니다. 그래서 많은 사람들은 6유형을 가리켜 '온 세상 걱정을 혼자 짊어지고 사는 사람들'이라 표현합니다.

이들은 개인적인 걱정뿐 아니라 공공적인 걱정도 많이 합니다. 한 주부는 길을 가다가 맨홀 뚜껑이 조금 열려 있는 것을 보고는 혹시 다른 사람들이 지나가다 빠질 수도 있다는 생각에 바로 구청에 신고를 했다고 합니다.

지나친 미래 대비

미래에 대해 최악의 시나리오를 쓰기 때문에 항상 철저히 준비합니다. 이들은 세상과 삶 자체가 위험하다고 생각해 늘 대비하고 대처하기 위해 끊임없이 노력합니다. 또한 위험이 언제 어디서 어떻게 닥쳐올지 모르기 때문에 그에 따른 해결책도 생각합니다. 한 예로 전방에서 포격사건이 발생했을 때 혹시 전쟁이 일어나는 게 아니냐며 비상식량을 사놔야 한다고 호들갑을 떨고, 여기저기 전화를 걸어 미래를 대비해야 한다고 말했다고 합니다. 물론 적당히 긴장하는 것은 좋지만, 이들은 근심 걱정이 지나쳐 주변을 불편하게 만들기도 합니다.

그런가 하면 위험에 대비하는 습관 덕분에 다양한 각도에서 문제해결능력을 발휘합니다. 인생을 살다보면 순간순간 무수히 많은 위기가 찾아오는데, 6유형은 이를 미리 감지하고 위험요인을 꿰뚫는 통찰력이 있어 위기에 대처하는 능력이 탁월합니다. 어쩌면 이런 6유형이 있어 우리가 안전하게 살고 있는지도 모릅니다.

대부분의 사람들은 불안한 미래를 걱정하지만, 6유형은 안전하고 확실한 것에 지나치게 집착하는 까닭에 늘 초조하고 불안합니다. 그래서 미래에 대해 부정적인 말을 입에 달고 사는 이들의 언어표현은 주변 사람들의 사기에 초를 치는 격입니다.

안전지향주의자

6유형은 불확실한 것을 원치 않습니다. 이들은 두려움을 피하기 위해 결과가 확실히 보이지 않는 것은 일단 멀리하고 회피합니다. 새롭게 도전하거나 새로운 일을 추진하기보다는 확실히 검증된 것만 하는 무사안일한 사고를 보여주지요. 즉, 의심되는 돌다리를 두드리고 두드리다가 건너지 않고 많은 사람들이 건너서 안전하다는 확신이 들면 그제야 비로소 건너는 안전지향주의자입니다.

6유형 남편의 예를 하나 들어보겠습니다. 신도시 개발로 한창 아파트 가격이 오르는 시점에 아내가 아파트를 계약하자고 했지만 그는 꿈쩍하지 않습니다. 그는 주변 사람들이 아파트를 구입해 시세차익을 얻는 것을 오랫동안 지켜보면서 분양사무실을 하루에도 수십 번씩 드나들다가 마침내 계약을 합니다. 그런데 그때가 바로 꼭지였습니다. 아파트 가격이 떨어지자 그는 결국 팔지도 못하고 전전긍긍하며 월세를 받아 은행이자를 내야 했다고 합니다. 지나친 걱정으로 투자 시기를 놓친 것입니다.

6유형은 정말 원금이 보장되는 확실한 '적금 인생'이라 할 수 있습니다.

모든 것에 의문을 제기하는 질문자

사사건건 의문을 제기하는 습관은 미래에 대한 두려움에서 비롯됩니다. 6유형은 앞으로 일어날 일에 대처할 만큼 자신이 가진 자원이 없고 능력도 부족하다고 생각합니다. 이들은 자신이 눈으로 보고도 쉽게 믿지 못합니다. 모든 것을 일단 의심하고 나서 확인, 또 확인하는 습관이 몸에 배어 있지요. 한 예로 어느 30대 주부는 마트에 가서도 판매사원의 말을 듣기보다는 식품원료나 첨가물을 따지고 유통기한을 꼼꼼히 살펴 쇼핑하기 때문에 장을 보는 시간이 다른 사람의 배가 됩니다.

이들은 상대의 말이나 들은 것, 어떤 상황을 의심할 뿐 아니라 자기 자신에 대한 신뢰도 부족합니다. 그래서 스스로를 믿지 못하고 다른 사람에게 자꾸 묻고는 합니다. 한 예로 어느 엄마는 중학교 입학 예정인 딸아이가 다닐 영어학원을 쉽게 결정하지 못합니다. 그래서 주변 엄마들에게 물어보고 마음을 어느 정도 정한 뒤에도 '이게 정말 잘한 결정일까?' 하고 의심하며 다른 사람들에게 묻기를 반복하다가 결국 결정을 내리지 못했다고 합니다.

쉽게 결정을 내리지 못해 답답하고 우유부단한 성격의 6유형은 주변 사람들을 다소 귀찮게 하거나 피곤하게 만들기도 합니다.

공포와 두려움

이들은 스스로 이 험한 세상에서 살아갈 힘이 부족하다고 생각해 위축되곤 합니다. 자신을 둘러싼 환경이 불안하고 세상이 무서워 늘 공포와 두려움을 느낍니다. 언제든 무슨 일이 일어날 것만 같아 늘 두려운 것입니다. 그래서 대비하고 준비하지만, 그것 또한 제대로 되지 않은 것 같아 의심, 또 의심합니다. 늘 최악의 시나리오를 상상하기 때문에 도가 넘치는 공포와 두려움에 시달릴 수밖에 없지요.

안전을 갈망하는 6유형은 불안을 잠재우기 위해 외적 권위에 의존하는 경향이 있습니다. 자신에 대한 확신이 부족해 자기 의지대로 밀고 나가지 못하고 외부 사람이나 단체, 환경 등이 보호해주기를 바랍니다. 여기에서 6유형의 의존적인 성향이 드러납니다.

안전지향주의자인 이들은 자신이 의존하는 권위에 충성하고 의무를 다하지만, 그 권위에 대해 부당함을 느끼면 분노를 표출하기도 합니다. 한 예로 어느 학생은 덩치도 크고 힘이 센 반 친구가 자신을 놀리자 그만하라고 말하면 맞을지도 모른다는 두려움에 그만 자기도 모르게 상대의 얼굴을 주먹으로 먼저 쳤습니다. 이는 갑자기 맞을지도 모른다는 공포감 때문에 무모하게 대항한 사례입니다.

또 다른 사례도 있습니다. 한 직장인은 불만이 있지만 이의를 제기해도 상사가 들어주지 않으리라는 생각에 자신의 주장을 접고 그냥 명령에 따릅니다. 이것은 '괜히 얘기했다가 불이익을 받으면 어쩌나' 하는 공포가 밀려와 그냥 권위에 복종하는 경우입니다.

이처럼 6유형은 공포에 순종적으로 반응하거나 고양이한테 쫓기는 쥐처럼 코너에 몰리면 확 달려들어 대항적으로 반응하기도 합니다.

긍정적인 변화와 성장을 위한 조언

외부 환경을 모두 불안하게 생각하는 6유형은 먼저 자신의 감정적 불안을 해결해야 합니다. 즉, 내면의 불안을 먼저 해결하지 않고 외부에서 안전을 찾으려고 해서는 스스로 독립성을 키울 수 없습니다. 물론 우리는 두렵고 불안한 세상에 살지만, 불안하고 두려운 마음을 갖지 않으려 애쓰지 말고 그대로 받아들여야 합니다. 이는 곧 자신의 내적 능력을 믿는 것입니다. 자신을 믿고 생각한 것을 행동으로 실천해보십시오.

세상도 안전하지 않고 자신도 부족하다고 생각하는 성진이 엄마는 의식적·무의식적으로 남편에게 의존합니다. 그녀는 언제 어떤 상황이 생길지 모르기 때문에 순간순간 철저히 준비하는 자세로 살고 있습니다. 2박 3일간 친정집에 가기로 하고 필요한 것들을 챙기는데 준비물이 얼마나 과했던지 남편에게 "이사 가?" 하는 말을 들을 정도였습니다. 그녀는 또 친정아버지의 칠순 잔치 때는 여러 벌의 옷을 준비해 갔습니다. 어떤 옷을 입을지 스스로 결정하지 못하고 친정엄마에게 무엇을 입는 게 좋을지 물어볼 생각이었던 것입니다.

성진이 엄마는 늘 어떤 상황이 닥칠까를 생각하고 최악의 경우까지 염두에 두고 준비하는 사람입니다. 이 성격은 자녀 교육에도 작용해 그녀는 불확실한 미래에 대비할 것을 자녀에게 강압적으로 요구합니다. 그녀는 "공부 못하면 좋은 대학 못 가니까 어서 공부해", "좋은 대학 못 가면 좋은 데 취직도 못하고 결혼도 힘들어지니까 어서 공부나 해" 하고 다그칩니다.

아직 닥치지도 않은 미래에 대한 지나친 걱정과 근심은 자녀를 힘들게 합니다. 그녀는 아침부터 저녁까지 '조심해라', '위험하다', '공부해라', '하지 마라'를 입에 달고 삽니다. 불안에서 오는 엄마의 잔소리는 아이들을 질리게 만듭니다. 아이들은 엄마를 '잔소리대마왕'이라 부릅니다.

7유형
매사에 긍정적인 열정가

늘 즐겁고 호기심이 가득하며 긍정적인 에너지가 넘치는 열정적인 사람으로 통하는 7유형 엄마는 '잘될 거야', '뭐 별일 있겠어' 하는 긍정적 마인드로 생활합니다. 부정적인 생각보다는 긍정적인 생각이 훨씬 좋지만, 7유형 엄마들의 경우 조금 신중하고 심각하게 받아들여야 할 것도 간과하는 경향이 있습니다.

특히 양육에서는 자녀를 이해하고 친구처럼 즐겁게 지내는 것은 좋지만, 엄마로서 모범을 보이거나 자녀가 잘 판단하고 인식할 수 있도록 지도하는 데는 다소 문제가 있습니다. 즉, 장난기 어린 호기심이 자녀를 피곤하고 귀찮게 할 수도 있다는 것을 인지하고 각별히 신경을 쓸 필요가 있습니다.

다음에서 7유형의 특성을 알아보고 한 걸음 더 전진할 수 있기를 바랍니다.

긍정과 열정의 모험가

7유형은 매 순간 행복하고 즐겁게 살고 싶어 하며, 긍정적으로 생각하고 열정적으로 참여하는 유형입니다. 이들은 늘 유쾌하고 낙천적인 사고로 살아가기 때문에 항상 즐거워 보입니다. 매사 고민하거나 심각하게 받아들이지 않고 쉽게 생각하고 수용합니다. 풍부한 상상력과 창의적인 아이디어로 세상을 유익하게 만드는 다재다능함도 갖추고 있습니다.

이들은 주변 분위기를 활기차게 만들어 많은 사람들에게 즐거움과 에너지를 전달하는 힘이 넘칩니다. 말재주가 좋은 데다 모든 일에 매우 긍정적이고 쾌활하며 낙천적인 이들은 항상 웃고 떠들기를 좋아합니다. 그래서 이들 옆에 있으면 즐거운 에너지를 받기 때문에 흔히 '에너자이저'라고 불립니다.

7유형의 부모는 대부분 자녀와 친구처럼 잘 놀아주고 즐겁게 생활할 수 있는 환경을 만듭니다. 이들은 슬프고 힘들고 고통스러운 상황을 피하고 항상 즐거움을 찾아내는 능력이 뛰어납니다. 또한 두뇌회전이 빨라 어려운 상황에서도 특유의 넉살을 부립니다. 그래서 7유형 중에는 유독 개그맨이 많습니다.

톡톡 튀는 아이디어

이들은 호기심이 많고 상상력이 풍부합니다. 틀에 박히지 않은 유연하고 자유로운 사고로 기발하고 톡톡 튀는 생각을 해냅니다. 어린아이 같은 순수함을 지닌 7유형은 새로운 아이디어와 창의적 영감을 잘 떠올립니다. 그래서 사람들이 쉽게 생각해내지 못하는 톡톡 튀는 아이디어로 세상에 이로운 발명품을 내놓기도 합니다.

7유형이 쏟아내는 개성 넘치는 아이디어에서 힌트를 얻어 사업에 성공한 사례도 많습니다. 예를 들어 어떤 사람은 7유형의 후배와 만나 이야기를 나누던 중 얻은 아이디어로 획기적 제품을 만들어 성공했다고 합니다.

이들은 바다를 헤엄치는 오이, 화성까지 편히 갈 수 있는 에스컬레이터 등 상상을 넘어 말도 안 되는 공상을 하며, 지나칠 경우 습관적으로 이상주의에 빠지기도 합니다. 또한 쾌락과 즐거움을 추구해 환상적이고 유토피아적인 이상주의를 꿈꾸기도 합니다. 세상이 마법처럼 자신이 원하는 대로 늘 재미있고 흥미롭게 되기를 바라는 것이지요. 이들은 비현실적인 '피터 팬' 같은 어른이기도 합니다.

새로운 계획과 재미를 추구하는 유형

7유형은 즐거운 미래를 꿈꾸고 구체적인 계획을 세우는 데 집착합니다. 즐거움에 열중하기 때문에 생각은 늘 미래에 가 있습니다. 이들은 어떤 일을 하는 중에도 그 일이 끝나면 어디로 갈지, 무엇을 할지를 늘 생각합니다. 하지만 그 계획을 실천으로 옮길 수 없어도 크게 실망하지 않습니다. 이미 즐거운 계획을 세우는 것만으로도 충분히 행복했기 때문이지요.

항상 꿈꾸는 몽상가인 이들은 불을 쫓는 불나방처럼 이것저것 재미있는 것을 찾아다니기도 합니다. 한 예로 다양한 놀이기구의 짜릿함을 즐기는 30대 남성이 있습니다. 그는 국내의 테마파크를 모두 섭렵한 뒤 외국으로 눈을 돌려 미국의 디즈니랜드를 시작으로 전 세계의 디즈니랜드를 모두 가보았다고 합니다.

그런데 지나치게 재미에 몰두하기 때문에 7유형은 현실적인 문제에 대해서는 회피하거나 무책임한 행동을 보이기도 합니다. 한 예로 직장생활을 꽤 오래 한 어느 남성의 경우 경제적으로 여유가 없습니다. 또래 동료들은 대부분 자기 집을 샀는데, 그는 아직도 아파트 월세 신세입니다. 재미만 찾고 삶에서 힘들거나 책임져야 할 일은 무조건 피하려고만 하니 어른인데도 너무 가볍고 진지함이 부족해 보입니다.

집중력과 인내력의 부족

7유형은 싫증을 잘 냅니다. 무엇을 하다가도 재미가 없거나 지겨워지면 금방 그만두곤 합니다. 집중력이 부족해 오래 앉아서 하는 일을 힘들어 하고, 한곳에 진득이 앉아 있지 못합니다. 그래서 인내심이 부족하고 산만하다는 말을 듣습니다.

이들은 핫한 뉴스나 최신 유행, 신나는 여행 코스, 색다른 음식점 등 뭔가 색다른 것을 좋아합니다. 한 예로 이것저것 호기심이 많은 어느 주부는 문화센터 강좌라는 강좌는 모두 섭렵하고 있습니다. 새롭고 재미있을 것 같아 신청을 하고도 한두 번 듣다가 재미가 없으면 바로 그만두고 다른 강좌를 신청하기 때문이지요. 그래서 그녀는 무슨 강좌든 끝까지 수강한 적이 없습니다.

7유형은 말이 빠르고 임기응변에 강하며 자기애가 강하기 때문에 거짓말을 하거나 과장을 하는 자기도취 성향을 보이기도 합니다. 지구력도 책임감도 없으며, 자신의 훌륭한 아이디어를 실현시킬 인내심과 꾸준함도 약합니다. 무슨 일을 하든 크고 작은 문제가 생기게 마련인데, 이들은 어려움을 만나면 적극적으로 부딪쳐 해결하려는 의지가 약합니다. 그래서 처음엔 요란하게 시작하지만 끝은 흐지부지되기 일쑤지요.

고통을 회피하는 유형

이들은 어렵고 재미없는 현실을 잘 받아들이지 못합니다. 행복하기를 원하는 7유형은 살면서 겪는 정신적·심리적·육체적 고통을 외면하거나 무시해버립니다. 또한 슬픔, 꾸중, 상실감 등 고통스러운 감정도 싫어합니다. 한 예로 어른인데도 채혈과 위내시경 검사가 싫어 2년마다 하는 건강검진을 몇 년째 미루는 사람도 있습니다.

7유형은 특히 반복적인 말이나 잔소리를 매우 싫어합니다. 부모가 혼내면 그 상황이 싫어 엉뚱한 말을 하거나 아예 피해버립니다. 한 예로 어느 남자아이는 학교 숙제를 제대로 하지 않았다고 엄마가 싫은 소리를 하자 "엄마, 국이 끓어 넘쳐요", "배고픈데 빵 먹어도 돼요?" 하고 엉뚱한 말을 하고 딴청을 피웠다고 합니다.

이들은 지루하고 틀에 박힌 일이나 정해진 규칙 등에 구속당하는 것을 매우 싫어하기 때문에 흔히 7유형을 '자유로운 영혼의 소유자'라고 말합니다. 또한 어려운 일이나 실패 경험을 회피하거나 아예 느끼지 않으려 하고, 머리 아픈 일이나 고통스럽고 힘든 일은 거들떠보려고도 하지 않습니다. 그렇기 때문에 살면서 부딪히는 현실적인 문제로 어려움이 있을 수 있습니다. 7유형은 자신뿐만 아니라 주변 사람들의 고통까지 두려워해 피하려 합니다. 자신을 유쾌한 사람, 행복한 사람이라 생각하고 다른 사람들도 그렇게 생각해주기를 바랍니다.

이들은 자신의 고통이나 실수를 인정하지 않고 합리화시키는 경향이 있습니다. 한 예로 7유형 여성은 자신이 아끼는 명품가방이 실수로 찢어졌는데도 속으로는 속상해하면서 남들에게는 그런 모습을 보이지 않습니다. 오히려 꿰맨 자국이 있는 가방을 들고 다니며 "요즘은 빈티지가 유행이지" 하고 합리화시킵니다.

충동적으로 몰입

7유형은 자신이 원하는 재미있는 일을 할 때 집중력을 발휘합니다. 특히 자신이 좋아하는 일을 할 때 행복해하고 즐거워하지요. 재미는 흥분과 열정의 도가니에 빠지게 하므로 이들은 늘 흥미로운 경험을 추구합니다. 그런데 사람은 누구나 자신이 원하는 일을 할 때 행복하지만, 지나치게 재미에 몰두하다보면 주변이 보이지 않게 됩니다.

한 예로 인터넷게임에 빠진 주부가 돌도 안 된 아기에게 젖도 잘 주지 않고 기저귀도 제때 갈아주지 않아 기저귀 발진으로 아기의 살이 헐어버린 충격적인 일도 있었습니다. 또 오락에 빠진 학생이 피시방 갈 돈을 마련하기 위해 엄마 지갑에서 돈을 훔치는 일도 발생했습니다. 재미에 중독된 사람들이 보여준 이런 행태에 우리 사회는 큰 충격을 받았습니다.

과도함은 탐닉과 무절제로 나타납니다. 이런 행동의 이면을 자세히 들여다보면 내면의 두려움과 공허함을 메우기 위해 끊임없이 즐거움을 찾아 헤맨 결과라는 것을 알 수 있습니다. 즉, 재미를 찾아 새롭고 흥미로운 것에 충동적으로 몰입하는 것이지요. 세상을 살면서 겪는 온갖 힘들고 고통스러운 일을 직면하기가 두려운 것입니다.

하지만 내면의 공허함을 외부의 것으로 채운다고 만족이 주어지는 것은 아닙니다. 한 예로 어느 직장여성은 매달 월급을 받지만 수중에 돈이 한 푼도 남지 않습니다. 해외 유명 브랜드의 상품을 갖고 싶어 핸드백, 구두 등을 이것저것 사대고 카드대금을 결제하고 나면 통장 잔액이 늘 마이너스이기 때문입니다.

이렇듯 7유형은 재미로 채우지 못하는 것을 물건이나 흥미로운 경험 등으로 채우려 하기 때문에 수집중독이나 폭음, 폭식, 쇼핑중독 등 광적인 활동에 빠지기 쉽습니다.

긍정적인 변화와 성장을 위한 조언

즐거움에 대한 집착을 내려놓아야 합니다. 임시방편으로 해결할 게 아니라 자신의 고통스러운 상황과 직면해야 합니다. 물론 처음에는 자신이 처한 힘든 상황을 받아들이기가 쉽지 않지만 자신의 인생에서 무엇이 고통스러운지, 힘든 것은 무엇인지 알고 충분히 느껴보는 것이 중요합니다. 힘들고 어려운 것을 무조건 피하고 있지 않은지 돌아봐야 합니다.

고통과 직면하고 이겨낼 수 있는 인내심과 끈기를 가지십시오. 다른 사람들의 필요도 살피고, 일단 약속한 것은 완수하는 법도 배워야 합니다. 평범함에서 즐거움을 찾고, 현실을 직시해 자신이 해야 할 일과 책임져야 할 것을 받아들여야 합니다.

◆ 7유형 엄마의 사례 ◆

항상 즐겁고 유쾌한 현수 엄마는 긍정적이며 에너지가 넘치는 사람입니다. 늘 다양한 활동을 하는 그녀의 수첩에는 한 달 일정이 빽빽이 적혀 있습니다. 전에는 하루에 보통 3개의 스케

줄을 소화했는데, 큰아이가 중학생이 된 뒤로는 그나마 외부 활동을 좀 자제하는 편입니다.

그녀는 아이들이 초등학생일 때는 여행도 많이 다니고 재미있게 장난도 치는 등 아이들의 눈높이에 맞춰 잘 놀아주는 친구 같은 엄마였습니다. 그런데 모든 일에 긍정적이고 괜찮다고 생각하는 그녀도 큰아이가 중학생이 되니 은근히 공부를 강요하기 시작했습니다. 하지만 엄마의 불규칙한 자녀 양육 태도는 자녀의 불신을 야기했고, 뒤늦은 간섭이 엄마와 자녀 사이에 오히려 갈등을 일으켰습니다.

게다가 현수 엄마는 텔레비전 시청 규칙을 정해놓고는 자신이 먼저 어깁니다. 그러고는 아이들이 항의하면 대충 얼버무립니다. 현수 엄마의 일관적이지 못한 태도는 교육적으로도 바람직하지 않을 뿐 아니라 아이들의 신뢰를 잃는 결과를 낳고 말았습니다.

4장

엄마의
변화와 성장을
위하여

자신을 정직하게
살펴보고 탐색하라

자신의 성격 유형을 먼저 알자

에니어그램의 진정한 목적은 성격 유형의 특성을 아는 데서 그치지 않고 자신의 부정적인 신념이나 감정, 행동이 무엇인지 알아차리고 멈추는 것입니다. 영적 지혜와 심리학이 합해진 에니어그램은 인간의 성격 유형에 따른 무의식적·부정적 패턴에서 벗어나 진정한 본성을 찾도록 도와 줄 것입니다. 그래서 에니어그램을 '심리학과 영성 사이의 다리'라고 표현하기도 합니다.

우리 모두는 좀 더 행복해지기를 바랍니다. 행복한 변화와 성장을 위해서는 먼저 자신을 이해해야 합니다. 자신이 어떻게 생각하고 어떻게 느끼는지, 어떻게 행동하는지를 알아야 합니다. 에니어그램은 인간의 9가지 성격 유형의 특성을 보여주기 때문에 자기 자신을 알아가는 데 도움을 줍니다. 진정한 발전을 원한다면 에니어그램이라는 도구를 활용해 먼저 자신의 유형을 찾는 데서 시작해야 합니다.

관찰하고 인정하라

에니어그램의 9가지 성격 유형은 자아 정체성의 근원입니다. 에니어그램은 각각의 성격 유형에 따른 특징을 상세히 설명해주므로 자신의 성격 유형을 알고 싶다면 자신의 생각과 감정, 행동을 잘 관찰해봅시다. 사실 사람들의 마음과 행동은 대부분 무의식적으로 드러나기 때문에 처음 관찰할 때는 쉽게 파악되지 않습니다. 하지만 인내심을 가지고 꾸준히 자신을 들여다보면 하나씩 하나씩 지각하게 될 것입니다.

또 사람들은 9가지 유형을 골고루 사용하기 때문에 처음에는 이것 같기도 하고 저것 같기도 할 것입니다. 하지만 자신의 기본 유형이 있으니 천천히 시간을 가지고 탐색해보십시오. 처음에는 자기 유형의 부정적인 모습을 인정하고 싶지 않을 것입니다. '그런 점이 나한테는 없어', '나는 안 그런데' 하고 말이지요. 자신의 추한 모습이 싫은 것은 당연합니다. 하지만 스스로 변하기를 원한다면 자신의 부정적 모습도 자신의 것인 만큼 받아들여야 합니다. 즉, 자신의 모습을 있는 그대로 진실하게 관찰해보면 행동 특성 등을 이해하게 될 것입니다.

거듭 말하지만, 변화와 성장을 위해서는 무엇보다 자신을 먼저 인식해야 합니다. 자기인식 없이는 어떤 진보나 변화를 기대할 수 없기 때문입니다. 진정한 자기인식은 자신을 있는 그대로 관찰, 인정하는 것입니다. 에니어그램은 우리 자신에게서 시작된다고 말합니다. 즉, 물질적인 현실 세계에 사는 우리가 근본적이고 본질적인 삶을 추구하려면 먼저 자신을 탐색하고 자신을 있는 그대로 받아들여야 하는 것이지요.

성격 유형 찾기

에니어그램과 함께하는 자기탐색과 자기인식을 통해 자신의 유형을 찾을 수 있습니다. 그리고 각 유형의 집착이 야기하는 주된 문제점을 이해해야 합니다. 우리는 9가지 성격 유형에서 긍정적인 부분과 인정하고 싶지 않은 부정적인 생각, 느낌, 행동을 발견할 수 있습니다. 이 9가지 성격 유형 중 하나가 자신의 기본 유형입니다.

명지대 산업대학원 에니어그램 연구소에서 발행한 9가지 성격 테스트를 통해 자신의 기본 유형을 찾으십시오. 거기에 앞장에서 다룬 9가지 성격 유형의 두드러진 특성을 참고해서 읽으면 많은 도움이 될 것입니다. 처음에는 중복되는 게 많은 것 같고, 뭐가 뭔지 잘 모르겠고, 또 헷갈릴 수도 있습니다. 하지만 인내를 가지고 찾아보십시오. 충분한 시간을 할애해 자신의 유형은 스스로 찾아보기를 권합니다.

자신의 기본 성격 유형을 찾는 것은 자신을 이해하고 발견하는 하나의 과정입니다. 인간의 성장 과정은 긴 여정입니다. 자신의 유형을 발견하는 것은 끝이 아니라 변화의 출발점입니다.

정직하게 받아들이고 변화하라

모든 인간은 변화, 발전하려고 합니다. 성장과 관련해 무엇보다 중요한 사실은 외부에서 찾는 것이 아니라는 점입니다. 즉, 진정한 성장은 자기 자신에게서부터 시작합니다. 모든 인간에게는 9가지 성격 유형이 내재돼 있어 현실의식에서 골고루 나타납니다. 하지만 자신만의 특정 습관과 반응 패턴의 기본적 성격 유형이 있기 때문에 결국에는 자신의 기본 성격 유형으로 돌아갑니다. 그래서 자신의 기본 성격 유형을 찾는 것에서부터 시작하는 것이지요.

그런데 기본 성격 유형에는 긍정적인 것뿐만 아니라 부정적인 면도 있습니다. 우리는 이 모든 것을 정직하게 받아들여야 합니다. 자신의 부정적인 모습도 솔직히 인정하고, 받아들이고, 인식해야 합니다.

엄마들이여, 자신을 있는 그대로 인정합시다. 부정하고 싶은 마음이 들 때는 크게 심호흡을 한 번 한 뒤 '이런 부정적인 모습이 있구나' 하고 그냥 바라봅시다. "그 아픔까지 사랑한 거야"라는 노랫말이 있듯 자신의 단점까지도 사랑합시다. 나의 추한 모습 또한 나입니다. 좋든 싫든 내가 가지고 있는 것들입니다. 싫다고 피하고 거부한다고 해서 그 성격이 없어지는 것은 아닙니다.

인간은 어떻게든 발전적 의식 성장을 위해 자신의 부정적인 모습을 개선하려 합니다. 자신의 부정적인 모습이 싫어 없애버리려 하거나 잘못된 점을 바꾸려 합니다. 하지만 아무리 바꾸려 하고 없애버리려 해도 잘 없어지지 않습니다.

이때 방법은 어떻게 하려고 애쓰지 말고 자신의 행동을 관찰하고 있는 그대로 바라보는 것입니다. 그리고 부정적인 것을 지각했다면 행동에 옮기지 않는 것입니다. 뭔가를 바꾸려 하지 않고 자신의 부정적 행동을 알아채고 행동하지 않는 것, 즉 자동적이고 무의식적인 반응을 멈추는 것입니다.

상대를 수용해
긍정적인 인간관계를 만들라

다름을 인정하자

인간에게는 9가지의 성격 유형이 있습니다. 즉, 나의 성격 유형이 있고 나와 다른 8가지의 성격 유형이 있다는 뜻입니다. 우선 이것만 이해해도 인간관계가 많이 좋아질 것입니다.

9가지 성격 유형은 어느 유형이 더 좋고 어느 유형이 나쁘다고 말할 수 있는 것이 아닙니다. 유형별로 장점이 있고 단점이 있지요. 각 유형의 성격적 특성을 알면 그 유형만이 가진 능력과 아울러 한계도 이해할 수 있을 것입니다.

또한 우리가 어떤 유형에 해당하든 우리 안에 9가지 성격 유형을 조금씩이라도 모두 가지고 있다는 점을 알아야 합니다. 말하자면 상대 유형의 특징이 내 안에도 있다는 것이지요. 우리는 각 유형을 관찰하고 자신 안에서 9가지 성격 유형이 어떻게 사고하고 느끼고 행동하는지 알게 될 것입니다. 그럼으로써 인간

내면의 9가지 성격 유형을 전반적으로 이해할 수 있습니다.

이 점을 알고 이해하게 되면 타인을 수용하는 데 많은 도움이 됩니다. 나를 이해함으로써 상대를 받아들이게 되는 것입니다. 우리 안에서 다른 사람들의 특정 행동이나 습관, 어떠한 상황에 대한 반응을 발견할 수 있게 되는 것이지요. 자신 안에 내재해 있는 9가지 성격 유형을 탐색함으로써 우리는 상대를 이해하고, 너그럽게 용서할 수도 있으며, 긍정적으로 사랑할 수도 있습니다.

유형 분석과 판단은 신중하게

앞에서 나와 마찬가지로 상대에게도 9가지 성격 유형이 골고루 있다는 것을 알았습니다. 각자 기본 유형은 다르지만 결과적으로 너도 있고 나도 있다는 사실을 말이지요. 우리는 이렇게 자신을 알아갈 때 에니어그램이라는 도구를 사용합니다. 그런데 자신에게 사용할 때보다 다른 사람의 성격을 구분할 때 조심할 필요가 있습니다. 많은 사람들이 무의식적인 편견과 판단으로 본의 아니게 상대에게 상처를 주기 때문입니다.

성격 유형이 같아도 가정환경이나 교육, 유전자 등 수많은 변수가 작용합니다. 자신의 고정된 시각으로 상대를 어설프게 분석하거나 분류할 경우 오히려 오해와 불신감을 키울 수 있다는 것을 알아야 합니다. 에니어그램의 목적은 나와 너를 알고 이해하는 것입니다. 사실 나와 상대의 성격 유형을 알면 인간관계에서 많은 도움을 받을 수 있습니다. 나와 상대에 대한 통찰력이 생기고 좀 더 원만한 관계를 위해 지혜롭게 대처할 수도 있으니까요. 하지만 에니어그램의 성격 유형이 인간의 모든 것을 말해주는 것은 아니기 때문에 상대의 유형 분석과 판단에 신중해야 합니다.

성격 유형을 알면 좋은 것들

우리는 살아가면서 수많은 사람과 관계를 맺는데, 인간의 9가지 성격 유형을 알면 상대가 어떤 가치관과 신념으로 세상을 보는지 알 수 있습니다. 또한 현재 처해 있는 상황에서 어떤 방법으로 문제를 해결할 가능성이 많은지 등의 힌트도 얻을 수 있습니다. 상대가 인간관계를 어떻게 풀어가는지, 어렵고 힘든 상황에서 어떻게 대처하는지를 알 수 있으며 상대의 행동을 통해 심리적 동기도 파악할 수 있습니다.

그래서 에니어그램의 9가지 성격 유형을 공부하고 알면 알수록 우리가 자기 자신뿐만 아니라 상대를 이해하는 데 많은 도움이 됩니다. 생활 속에서 상대와 어떤 식으로 유대관계를 맺을지, 또 갈등 상황에서는 어떻게 문제를 해결할지에 대한 지혜가 생기는 것입니다. 상황에 따라 현명하게 판단하고 적절히 대응할 수 있게 되는 것이지요.

이처럼 다양한 성격 유형을 알면 알수록 상대를 이해하고 수용해서 더불어 살아가는 데 많은 도움이 됩니다.

이해할수록 좋아지는 인간관계

앞에서도 말했듯이 상대의 성격 유형을 알면 상대의 생각과 느낌, 행동을 좀 더 쉽게 이해하고 받아들일 수 있습니다. 즉, '나와 다른 성격이구나' 하고 이해하게 되는 것이지요. 그전에는 자신의 생각은 옳고 다른 사람의 생각이나 느낌은 틀렸다고 생각했기 때문에 인간관계에서 많은 갈등을 빚었습니다. 이제 "왜 저러지?", "네 생각이 틀린 거야", "그게 아니고"라는 말은 하지 맙시다. 그저 나의 가치관과 다를 뿐이라고 생각합시다. 그러면 많은 것이 달라집니다.

가정에서 자녀와의 관계는 물론 남편과의 관계가 좋아지고, 시댁 및 친정 식구들과의 관계도 좋아집니다. 또한 사회생활에서 인간관계가 좋아질 것입니다. 우리의 삶은 대부분 인간관계를 통해 이뤄지는데, 어쩌면 그동안 풀리지 않았던 인간관계의 갈등 원인을 파악할 수도 있을 것입니다. 이제 불편했던 관계를 하나씩 풀어봅시다. 상대를 이해하면 이해할수록 더 발전적인 인간관계를 만들 수 있으므로 자신이 더 큰 수혜자가 될 것입니다.

상대는 틀린 게 아니라 나와 다른 성격이다!

이 점을 이해한다면 한결 부드러운 인간관계를 형성할 수 있게 될 것입니다.

자신의 장단점을 알고
강점을 키우라

나의 장단점 파악하기

9가지 성격 유형을 보면 각 성격 유형마다 긍정적인 면과 부정적인 면이 있습니다. 우리는 장점을 발견해 더 성장하도록 개발하고, 단점을 인정하고 개선하거나 부족한 점을 보완하기 위해 노력해야 합니다. 그런데 우리는 자신의 장점과 단점을 잘 파악하지 못하는 경우가 많습니다. 인간의 생각과 느낌, 행동은 대부분 무의식적이어서 우리 자신을 잘 모르기 때문입니다.

이제 우리는 에니어그램이라는 도구를 통해 자신의 유형을 찾고 장단점도 알 수 있습니다.

자신의 기본 유형을 알면 각 유형의 장점과 강점을 발견할 것입니다. 그런데 때로는 성격 유형의 특성상 자신의 장점을 제대로 인정하지 못하기도 하고, 반면 자신의 장점을 맹신해 또 다른 잘못을 범하기도 합니다. 하지만 이제부터는 자신이 느끼고 사고하는 방식과 행동 패턴을 통해 강점을 발견하게 될 것입니다.

자신의 성격 유형에서 강점을 발견했다면 적극적으로 개발하고 그동안 발견하지 못한 잠재적 능력도 찾아내야 합니다. 우리는 관찰을 통해 그동안 의식하지 못했던 자신의 강점을 알아챌 수 있습니다.

강점이나 장점과는 달리 자신의 부정적 신념과 단점을 인정하는 것은 누구에게나 쉽지 않은 일입니다. 많은 사람들은 자신이 필요 이상으로 좋은 사람이며, 좋은 성격을 가졌다고 생각합니다. 물론 자신을 비하하는 것보다는 자존감을 가지는 것이 좋지만, 그것도 도가 지나치면 많은 사람들을 불편하게 합니다.

이제부터는 단점을 오롯이 인정해봅시다. 처음에는 인정도 하기 싫고 고칠 점이 별로 없다고 생각할지도 모릅니다. 하지만 급하게 생각지 말고 자신의 단점을 있는 그대로 보고 받아들이도록 노력해보십시오. 그렇게 자신의 단점을 받아들이면 앞으로 부정적인 행동을 하지 않으려고 노력할 것이고, 아울러 자신의 단점을 보완해줄 대책을 찾게 될 것입니다.

나의 장점과 강점으로 자녀 교육하기

사람은 누구나 자신만의 강점을 가지고 있습니다. 그렇기 때문에 엄마들도 자녀를 양육할 때 다른 엄마가 하는 교육법을 무조건 따라 하지 말고 자신만의 방법을 찾아야 합니다. 엄마 자신에게 맞는 방법에 더하기, 빼기를 하는 것이지요. 아울러 검증된 좋은 교육법이나 효과적 교육법을 적극 수용하고 받아들여 자신의 것으로 만들면 됩니다.

이때 가장 중요한 점은 물론 자녀의 성향을 고려해야 한다는 것입니다. 아무리 좋은 방법도 자녀에게 맞지 않거나 엄마에게 맞지 않으면 백해무익합니다.

성격 유형별 교육 스타일

8유형 엄마

자녀를 잘 보호합니다. '할 수 있다'는 자신감을 가지고 모든 일을 적극적으로 추진하기 때문에 자녀들에게 동기를 부여하는 영향력 있는 엄마입니다. 이런 진취적인 모습은 자녀에게 귀감이 됩니다. 책임감이 강하고 성실해서 자녀들의 재능을 열성적으로 지원하는 행동파 엄마입니다.

9유형 엄마

자녀들의 세계를 누구보다 잘 이해하고 감싸주며, 자녀들과 함께 어울리는 다정다감한 엄마입니다. 자녀와 아무런 갈등 없이 공존하며 너그럽고 온화합니다. 그래서 자녀와 일체감을 느끼면서 안정감을 주는 편안한 유형입니다. 또한 자녀의 적성을 존중해주고 스스로 능력을 발휘하도록 인내심을 갖고 묵묵히 지켜봐주는 엄마입니다.

1유형 엄마

항상 깔끔하고 자녀에게 부족한 점이 없나 살펴서 늘 충족해주기 때문에 자녀들이 안정감을 가집니다. 또한 단호한 원칙과 공정한 자녀 교육 태도는 자녀들에게 신뢰감을 주고 이상적인 롤 모델이 됩니다. 자녀 교육에 대한 의무감과 책임감이 강해 자녀가 올바르게 성장하도록 헌신적으로 노력하는 엄마입니다.

2유형 엄마

사랑이 많고 따뜻하고 헌신적입니다. 아이들을 좋아해서인지 특히 자녀와의 관계가 끈끈합니다. 엄마 역할을 즐기며 자녀에게 많은 관심을 쏟습니다. 자녀를 항상 격려하고 칭찬해주며, 자녀의 부족한 점이나 필요한 부분을 빨리 알아채 채워주는 능력이 탁월합니다. 무슨 일이든 잘할 수 있도록 북돋아주는 대한민국 엄마의 대표 모델이라 할 만합니다.

3유형 엄마

적극적으로 부지런히 자녀를 뒷바라지합니다. 자녀가 좀 더 성공적인 모습으로 성장하기를 바라기 때문에 동기부여도 하고 발전할 수 있도록 격려해줍니다. 자녀들은 긍정적이고 진취적으로 목표를 향해 끊임없이 노력하는 엄마의 자세를 본받고 싶어 인생의 롤 모델로 삼기도 합니다.

4유형 엄마

풍부한 감수성과 예술적 감각으로 매력을 발휘해 자녀에게 행복한 기억을 많이 남깁니다. 자녀의 정서에 대한 공감력이 뛰어나고, 깊은 통찰력과 따스함으로 자녀에게 좋은 영향력을 미칩니다. 이들은 특히 자녀의 개성을 존중해서 자유롭게 키웁니다. 창의성과 독특함을 추구하는 엄마의 모습은 자녀의 창의성과 표현력을 키우는 데 많은 영향을 미칩니다.

5유형 엄마

지적이고 현명하며 지혜롭습니다. 논리적이고 이성적인 계획이나 생각으로 자녀를 합리적으로 교육합니다. 또한 기발하고 독특한 유머 감각으로 자녀가 즐겁게 생활하게 합니다. 어떤 문제에서든 자녀와의 대화 및 토론을 중시해 논리적으로 양육합니다. 특히 자녀의 지적 발달에 적합한 환경을 제공하는 등 노력을 많이 하는 엄마입니다.

6유형 엄마

자녀 교육에서도 성실하고 책임감이 강합니다. 하나부터 열까지 꼼꼼히 챙겨주고 항상 꾸준히 노력하는 엄마의 모습은 자녀에게 신뢰감을 줍니다. 자녀의 생각을 잘 이해하고 소중히 대하는 지적이고 센스 있는 엄마입니다. 또한 규칙과 규범을 잘 지키는 모범적인 엄마로 자녀에게 좋은 본보기가 됩니다.

7유형 엄마

자녀와 좋은 관계를 유지합니다. 항상 잘 놀아주고 장난도 치면서 자녀의 기분을 좋게 만드는 에너지 넘치는 엄마입니다. 자녀의 긍정적인 면만 보고 칭찬을 아끼지 않는 매우 긍정적인 마인드의 소유자로서 항상 가정을 즐겁고 밝게 이끌어갑니다. 자녀 교육에도 열정적이고 자녀가 다양한 경험을 할 수 있도록 적극적으로 지원합니다.

나를 성장시키는
수행 방법으로 변화하라

자신의 생각과 행동 의식하기

우리 엄마들도 이제는 스스로 성장하고 변화하기를 원합니다. 그래서 에니어그램이라는 도구를 통해 자신을 알아가고 발전하려 노력하는 것이지요. 그런데 에니어그램을 공부한다고 해서 자동으로 변하는 것은 아닙니다. 즉, 에니어그램이 그 자체로 우리가 원하는 본성의 길은 아닌 것입니다. 진정한 자신을 찾기 위해 에니어그램이라는 도구를 통해 자기인식을 했다면 삶 속에서 꾸준히 실행해야 합니다.

변화하고 성장하려면 부단히 노력해야 합니다. 우리는 늘 생활하면서 자신이 어떻게 생각하고 느끼며 행동하는지 알아차려야 합니다. 자신의 의식적·무의식적 행동을 관찰해야 합니다. 즉, 자신의 성격 특성을 인식하는 것이지요. 그렇게 자신의 성격 특성을 이해했다면 충동대로 무의식적으로 행동하지 않아야 합니다. 우리가 어떻게 행동하는지 알아차린다는 것은 곧 의식한다는 뜻입니다. 그래서 우리가 어떤 행동을 하려 할 때 크게 심호흡을 하며 자신의 행동을 관찰할 수 있는 것입니다.

나만의 수행 방법 찾기

변화하고 성장하려면 깨어 있어야 합니다. 인간이 깨어 있는 것은 여러 경우가 있지만 자신의 몸이 편안하게 이완돼 있을 때 의식하기가 좋습니다. 몸이 긴장되면 의식 상태가 되기 어렵기 때문에 위대한 종교인이나 성인들은 그 실행 방법으로 수행을 선택했습니다. 수행 방법에는 명상, 요가, 기도, 일기쓰기, 책읽기, 걷기 등 여러 가지 방법이 있습니다. 이처럼 다양한 수행 방법이 있지만 사람마다 현재 상태와 조건이 다른 만큼 어떤 특정 심리학적 도구나 수행법이 누구에게나 항상 옳은 방식이 될 수는 없습니다.

그러므로 자신의 진정한 도약을 위해 자신만의 의식 개발법을 일상에서 찾아야 합니다. 어떤 것이든 자신에게 맞으면 좋은 것이고 자신과 맞지 않으면 불편합니다. 남들에게 아무리 좋은 수행법이라 해도 내가 꾸준히 할 수 없다면 아무 의미가 없는 것입니다. 물론 어떤 유형이냐에 따라 그에 적합한 수행 방법이 있기는 하지만, 그것 또한 하나의 큰 기준일 뿐입니다.

어떤 것이든 좋습니다. 명상이든 요가든 기도든 자신의 상황이나 현실에 가장 알맞은 방법은 무엇이든 좋다는 말입니다.

즉, 어떤 방법을 선택하든 변화하고 성장하려는 의도를 가지고 하면 됩니다. 인내심과 의지를 가지고 매일 수행에 임한다면 분명 변화가 일어날 테니까요.

이완된 상태에서 자신만의 수행을 꾸준히 하면 자신의 몸과 연결될 것입니다. 저도 우연한 기회에 호흡 수행이라는 것을 알게 되었습니다. 스승님의 지도에 따라 배우게 되었는데, 처음에는 5분도 호흡하기가 힘들었습니다. 그런데 꾸준히 하다 보니 이제는 매일 30분씩 호흡하는 것이 일상이 되었습니다. 물론 호흡법 외에도 명상이나 절 수행, 걷기 수행 등 여러 가지 방법을 경험해보았습니다. 모두 나를 일깨워주는 것이지만 그래도 제게 가장 알맞은 것은 호흡 수행이라는 것을 스스로 알게 되었습니다.

이처럼 어떤 방법이든 자신에게 맞고 편안하면 되는 것입니다. 수행은 자신의 마음을 고요하게 하고 통하고 연결하게 해줄 것입니다. 무엇보다도 자신을 알아차리게 해줄 것입니다.

매일 꾸준히 수행하기

어떤 방법을 선택하든 매일 꾸준히 하는 것이 중요합니다. 개인의 상황이나 현실에 맞게 해야겠지만, 일정한 시간에 일정한 장소에서 꾸준히 한다면 더욱 좋을 것입니다. 여기에 한 가지를 덧붙이자면, 매일 수행하면서 떠오르는 생각이나 느낌 등을 적어보기를 권합니다. 저도 호흡 수행을 할 때마다 수행일지를 작성했는데, 그러다보니 저의 생각과 느낌 그리고 신체 반응까지 알아차리게 되었습니다. 스승의 지도에 따라 화두 수행을 하든 그렇지 않든 일지쓰기는 많은 도움이 됩니다.

우리가 의식을 성장시키기 위해 누군가의 지원을 받을 수 있다면 더욱 좋습니다. 자신을 지도해줄 스승과 함께한다면 금상첨화겠지요. 그런데 여기서 조심해야 할 것이 있습니다. 우리는 수행을 통해 습과 집착을 내려놓으려고 하는 것인데, 오히려 뭔가를 얻으려고 하는 또 다른 집착을 낳는 경우가 생긴다는 것입니다.

뭔가를 이루려는 집착을 가지지 말고 그냥 매일 한다고 생각하십시오. 수행에 대해 어떤 기대도 하지 말고 꾸준히 하다보면 분명 변화가 있을 것입니다. 간혹 시간이 흘러도 아무 변화가 일어나지 않는 것 같을 수도 있지만, 그렇지 않습니다. 눈에 띄게 당장 드러나지 않아도 아주 조금씩 변화하고 있는 것은 분명합니다.

1년 전 또는 3년 전의 모습을 되돌아보면 분명 변화가 있었을 것입니다. 물론 나이와 연륜에서 오는 변화도 있지만, 예전보다 충동적 행동이 줄어들었다면 분명 변화가 있는 것입니다. 그래서 나에게 맞는 수행법과 에니어그램은 나를 변화하도록 도와주는 도구이며, 우리는 모두 변화의 긴 여정에 있다고 표현하기도 합니다.

"구슬이 서 말이라도 꿰어야 보배"라는 속담처럼 마음먹었다면 지금 당장 실천해봅시다. 조급하게 생각지 말고 자신이 처해 있는 상황에 맞게 꾸준히 수행해볼 것을 권합니다. 이런저런 이유를 달지 말고 오늘 당장 시작해봅시다.

수행이라고 하면 거창하게 생각하는데 그렇지 않습니다. "삶이 곧 수행"이라는 말이 있듯 생활 속에서 얼마든지 가능합니다. 걷기운동을 하면서 자신의 생각과 느낌을 조용히 관조해볼 수도 있고, 설거지를 하면서도 현재의 느낌을 알아챌 수 있는 것이지요.

이렇듯 우리는 소소한 일상에서도 얼마든지 방법을 찾을 수 있습니다. 하루에 10분이라도 좋습니다. 시간을 좀 더 낼 수 있으면 더욱 좋습니다. 아무 선입견도 갖지 말고 자신의 생각, 느낌, 행동을 관찰해보십시오. 미루지 말고 오늘 당장 시작해봅시다.

자녀의
성향대로 키우라

자녀의 성격 알기

엄마에게 성격 유형이 있듯 자녀에게도 성격 유형이 있습니다. 이제 우리는 엄마와 자녀가 서로 다른 성격의 소유자라는 것을 알게 되었습니다. "시작이 반이다"라는 말이 있습니다. 일단 엄마와 자녀의 성격이 틀린 것이 아니라 다른 것이라는 생각만으로도 반은 성공한 셈입니다. 그만큼 다르다는 것을 인정하는 것이 중요합니다.

5장에 나오는 자녀의 9가지 성격 유형의 특징을 참고해서 자녀의 성격 유형을 파악해볼 수 있습니다. 그동안 엄마의 잣대로, 엄마의 성향대로 자녀를 키웠다면 이제는 자녀의 성향대로 키워봅시다.

자녀의 장단점을 있는 그대로 바라보기

우리 엄마들은 누구보다도 자녀가 잘되기를 바랍니다. 그래서 음으로 양으로 자녀에게 사랑과 관심을 쏟으며 양육합니다. 그런데 많은 엄마들은 자녀의 좋은 점과 잘하는 점은 당연히 여기는 데 반해 단점은 못마땅하게 생각하고 어떻게든 고쳐주려고 애씁니다. 자녀가 잘되기를 바라는 마음에서 자녀의 단점을 바로잡으려 하는 것입니다. 물론 나쁜 습관은 개선해야 마땅하지만, 자녀의 장점은 보지 않고 단점만 지적한다는 데 문제가 있습니다. 특히 엄마들은 자녀의 장점을 칭찬하는 데 인색합니다.

잘하는 것도, 부족한 것도 모두 사랑스러운 자녀의 한 부분입니다. 이제 있는 그대로 보고 인정합시다. 장점은 칭찬해주고 단점도 지적만 하지 말고 개선할 수 있게 도와주어야 합니다.

영유아기 때는 엄마의 지적이 통할지 모르지만, 초등학생이 되면 더 이상 엄마의 지적이나 잔소리를 들으려 하지 않습니다. 요즘은 사춘기가 빨라져 초등 고학년이 되면서부터 자기주장이 더 강해집니다. 이제는 더 이상 엄마의 잔소리가 안 통한다는 뜻이지요.

자녀의 장점과 강점을 발견하고 키우기

좀 더 관심을 가지고 자녀를 관찰하면 좋은 점을 발견할 것입니다. 이때 자녀를 칭찬해줍시다. 칭찬을 할 때는 두리뭉실하게 "잘했어", "응, 최고야", "고마워"라고 하지 말고 구체적으로 표현해야 합니다. 예를 들면 "수연이가 식탁에 음식을 갖다 놓으니 엄마가 덜 힘드네. 도와줘서 고마워" 하거나 "수연이가 그렇게 말해주니 기분이 좋아. 역시 엄마 맘 알아주는 사람은 우리 딸뿐이야" 하는 식으로 구체적으로 표현해줍니다. 그러면 자녀는 더욱더 신나 하고 자존감도 높아집니다.

자존감을 높이는 방법은 다양하지만 자신이 좋아하거나 즐거워하는 일을 할 때도 자존감이 생깁니다. 즉, 자신이 좋아하고 잘하는 것을 해서 결과물을 내놓을 때 만족감을 느끼는 것입니다. 이때를 놓치지 말고 얼른 자녀를 칭찬해주십시오. 그냥 잘했다고 말하지 말고, 구체적으로 잘한 것을 콕 집어 칭찬해야 합니다. 예를 들어 만들기를 해서 뭔가를 완성했다면 "어떻게 이런 생각을 했지? 이렇게 모양을 만드니 아주 멋있구나" 하고 구체적으로 칭찬해줍니다. 엄마의 눈에는 그 결과물이 하찮은 것일 수도 있지만 자녀의 입장에서는 그 나름대로 최선을 다해 만든 것이니까요.

이처럼 자녀는 자신이 좋아하고 즐거워하는 일에 대해 결과물을 얻고, 그것에 대해 인정받고 정서적으로 공감을 얻을 때 자존감이 높아집니다. 성공한 사람들은 대부분 자신이 좋아하고 잘하는 일을 했을 때 성공했다고 말합니다. 자신이 좋아하고 잘하는 것을 했을 때 성공도 행복도 따라오는 것입니다.

이제 자녀의 성격 유형을 파악하고 행동이나 말, 태도 등을 자세히 관찰해 자녀가 좋아하거나 잘하는 것을 칭찬해줍시다. 그렇게 해서 자존감이 높아지면 자녀는 더욱더 잘하려고 할 것이고, 이때 엄마가 적극적으로 지원해주면 됩니다. 자녀의 재능과 특기를 발견하고 적극 지원하는 것이 엄마의 역할입니다.

부족한 점 보완해주기

누구에게나 장점이 있듯 부족한 점도 있습니다. 자녀의 잘못된 습관은 물론 고쳐야 하지만, 단점이라고 부정적으로 생각하기보다는 보완하고 채워줘야 할 점으로 생각하는 것이 좋습니다. 이를테면 5유형 자녀의 부족한 사회성을 지적하기보다는 다양한 활동과 경험을 통해 단점을 보완해주는 것입니다.

"신념이 현실이 된다"는 말은 우리가 잘 아는 말입니다. 긍정적인 신념과 말이 현실에서 긍정적인 결과를 낳는다는 것도 익히 들어왔습니다. 우리 엄마들도 이제는 의식적으로 긍정적인 말을 합시다. 말이 씨가 되는 부정적인 말은 이제 그만하고 긍정의 언어로 자녀에게 긍정적 마인드를 심어주자는 말입니다.

먼저 자녀의
정서를 해결하라

정서가 가장 중요하다

많은 엄마들이 자녀 양육에서 가장 힘들어 하는 부분이 바로 자녀와의 감정적 문제라고 말합니다. 실제로 이 부분은 서로의 성향이 다르기 때문에 쉽지 않습니다. 그런데 엄마들은 누구나 할 것 없이 뼈를 깎는 고통을 참아내고 자녀를 출산했습니다. 그렇게 귀하게 얻은, 누구보다 사랑스러운 자녀와 감정적으로 대립해 상처를 주고 상처를 받는 일은 이제 그만둡시다. 이제는 엄마가 자녀의 감정을 어루만져줘야 합니다.

많은 심리학자들은 정서가 해결되지 않으면 지능이나 다른 능력도 떨어진다고 주장합니다. 그러니 정서가 가장 중요하다는 것입니다. 그래서 요즘은 인지능력보다 정서의 중요성을 강조하는 추세입니다. 정서는 심리적 배터리로서 정서가 없으면 인지도 없다고 합니다. 즉, 정서가 인지를 만든다는 것입니다.

예를 들어 자녀가 뭔가를 좋아한다면 이는 곧 거기에 주의를 집중한다는 뜻입니다.

사람은 정서가 메마르면 삶에서 뭔가를 처리할 수 없습니다. 예를 들어 사람은 정서적인 면이 부족해도 계산을 할 수 있지만 결정은 못합니다. 즉, 어떤 것을 선택하고 결정하는 데도 정서가 작용한다는 것입니다. 사람은 싫은 감정이 있으면 뭔가를 하지 않겠다고 결정하고, 좋은 감정이 있으면 하겠다고 결정합니다. 그렇기 때문에 자녀의 정서가 중요한 것입니다.

자녀의 내면을 살피자

누구나 욕구가 있습니다. 가장 기본이 되는 본능적 욕구부터 자아실현의 욕구까지 사람은 욕구를 실현하려 합니다. 자녀도 마찬가지입니다. 비록 언어 표현이 미숙해 다양한 문제 행동으로 표출할 때가 많지만, 자세히 관찰해보면 그 행동에는 다 이유가 있습니다. 그러니 무조건 행동만 수정하려 하지 말고 원인을 찾아 근본적으로 해결해봅시다.

각 성격 유형별로 심리적 동기가 있습니다. 본능형의 자녀는 자신의 뜻대로 상황을 조정하려는 지배 욕구가 있어서 그것이 해결되지 않으면 분노를 표출합니다. 가슴형의 자녀는 타인에게 사랑과 인정을 받고 싶은 애욕이 있어서 자신의 욕구가 채워지지 않으면 수치심을 느끼고 자신이 가치 없다고 생각해서 불안해합니다. 또한 머리형 자녀는 세상의 이치를 알고 이해하려는 명예 욕구가 있어서 그것이 해결되지 않으면 심한 두려움과 불안감을 느낍니다.

이렇게 자녀의 기본적인 성격 유형을 알면 저 깊은 내면에서 올라오는 기본적인 욕구가 무엇인지 이해할 수 있습니다. 이제는 표면적으로 드러나는 자녀의 문제 행동만 보지 말고 그 깊은 내면의 근본적인 욕구를 살필 줄 아는 현명하고 지혜로운 엄마가 될 때입니다.

무조건 공감해주자

자녀의 정서를 읽고 무조건 공감해줘야 합니다. 지금까지는 많은 엄마들이 자녀의 정서에 관계없이 엄마의 입장이나 기분에 따라 행동하고 말하고 요구하는 경우가 많았습니다. 하지만 이제는 자녀의 감정을 읽어야 합니다. 특히 언어 표현이 미숙한 유아 초기에는 자녀의 태도나 말, 행동을 보고 재빨리 욕구와 정서를 읽을 수 있어야 합니다. 이것은 물론 신생아 때도 마찬가지입니다.

엄마들이 자녀의 성격 유형을 알면 거기에서 오는 기본적 욕구를 파악할 수 있습니다. 많은 자녀를 관찰해보면 욕구가 채워지지 않을 때 울거나 떼를 씁니다. 어떤 경우에는 물거나 상대를 때리는 등 과격한 행동을 하기도 합니다. 이때 엄마는 무조건 행동을 수정하려 하지 말고 자녀의 동기를 생각해봐야 합니다. 많은 엄마들이 자녀의 건강하지 않은 행동에 당황하거나 혼을 냅니다. 하지만 지혜로운 엄마라면 이제 자녀가 왜 그런 행동을 했는지 그 근본 원인을 찾아 해결해줘야 합니다.

자녀가 공격적인 행동을 하면 일단 "영준이가 뭔가 불만이 있구나", "영준이가 화가 났구나" 하고 자녀의 감정에 공감을 해줍니다. 이렇게 엄마가 자녀의 감정을 이해하고 공감해주면 자녀의 마음은 조금씩 풀어지게 마련입니다. 그런 다음 차근차근 이유를 물어보고, 그런 행동을 하면 안 되는 이유를 아이의 눈높이에 맞춰 이야기해줍시다. "그건 안 돼", "하지 마", "그러면 혼난다" 같은 표현은 자녀에게 아무 도움이 되지 않는다는 것을 알아야 합니다.

자존감을 키워주는 2·3·7법칙

2의 법칙은 자녀가 엄마를 부르거나 무엇을 요구할 때 2초 안에 즉각적으로 반응해주는 것입니다. 즉, 자녀가 엄마를 부르면 2초 안에 바로 "응, 엄마 왜 불렀어?" 하거나 "수연아, 왜?" 하고 다정하게 반응해야 합니다. 만약 엄마를 불렀는데 아무 반응이 없으면 자녀는 불안감을 느낍니다. 또 무시당한 기분이 들고 자신이 가치 없다고 생각합니다.

특히 자녀가 영유아라면 엄마는 자녀의 울음소리에 바로 반응해야 합니다. 아직 언어 표현이 미숙하기 때문에 모든 욕구를 울음으로 표현하는 것이니까요. 이때 엄마의 즉각적인 반응이 없으면 아이는 정서적 불안과 좌절을 경험하게 되고, 이것은 자녀의 성격 형성과 자존감에 막대한 영향을 미칩니다.

3의 법칙은 엄마가 2초 안에 대응해 3초 동안 눈맞춤하는 것을 말합니다. 만약 2초 안에 대응하고도 엄마가 딴 곳을 바라볼 경우 자녀는 또 무시당하거나 거부당했다고 느끼기 때문입니다. 이를테면 엄마가 자녀에게 수유할 때도 아이와 공감해야 하는데 젖은 물린 채 눈과 귀는 텔레비전에 고정된다면 아무 의미가 없는 것입니다.

즉, 대응하되 3초 동안 자녀와 정서적 교류를 해야 합니다. 신생아 때부터 아동기까지는 이것이 필수입니다. 물론 청소년기에는 안 해도 된다는 뜻은 아닙니다. 어디 청소년기뿐이겠습니까? 인간관계에서 서로 정서적 교감을 나누지 않는다면 누구든 상대에게 거부당하고 존중받지 못한다고 생각하는 게 당연합니다.

다음은 7의 법칙입니다. 7의 법칙은 최소한 7초 동안 기다려주는 것을 말합니다. 엄마는 자녀의 요구에 반응한 다음 자녀가 자신의 욕구를 표현할 수 있도록 최소한 7초는 인내심을 가지고 기다려줘야 합니다. 많은 엄마들이 반응을 보인 뒤 "뭐야?", "빨리 말해", "불렀으면 말을 해야지" 하며 기다리지 못하고 다그치는데, 이래서는 안 된다는 것입니다.

사람의 성격이 제각각이듯 곧바로 표현하는 자녀가 있는 반면 소심하거나 느린 성향 또는 내성적인 성향의 자녀도 있습니다. 이런 자녀들은 곧바로 말하기보다는 한 걸음 뒤로 물러나 생각하거나 즉시 표현하지 못하는 경우가 있습니다. 앞에서도 말했듯이 엄마들은 자신의 성향대로 사고하고 행동하기 때문에 설사 이런 자녀의 성향을 알아도 대부분은 자신의 성향대로 행동하기가 쉽습니다.

그렇기 때문에 엄마가 인내심을 가지고 자녀가 감정이나 욕구를 표현할 때까지 기다려줘야 합니다. 7초 안에 말을 못하더라도 더 많이 기다려주는 여유를 가지십시오. 자녀의 말에 귀를 기울이고 애정 어린 교감을 통해 자녀의 자존감을 키워주자는 말입니다. 인간은 사회적 동물이면서 감정의 동물입니다. 기본적인 욕구 해결만으로는 충족될 수 없는 것이 정서이고 감정인 것입니다.

이제 자녀를 대할 때는 2·3·7법칙을 꼭 기억합시다.

맞춤식 지도 방법과
적성에 맞는 직업을 찾으라

자녀의 성향에 맞게 교육해야 하는 이유

이제 우리는 자녀의 성격을 무시한 채 엄마의 성향대로 교육해서는 안 된다는 것을 알았습니다. 내성적인 자녀에게 적극적으로 행동하라고 요구하면 할수록 자녀는 점점 위축될 것입니다. 자녀의 성향을 무시한 채 교육해봤자 별 성과를 얻지 못한다는 말입니다. 자녀는 자신의 성향대로 행동할 때 가장 행복하고, 성향에 맞지 않는 것을 강요당하면 스트레스를 받아 정신적으로는 물론 신체적으로도 아프게 됩니다.

자녀의 성격에 따른 맞춤식 지도법

자녀의 정서 교육, 습관, 인지 교육, 진로 지도 등 다양한 방면에서 맞춤식 지도를 해야 합니다. 활동적인 자녀에게 엄마가 자신의 잣대로 "조용히 해라", "얌전하고 차분하게 행동해라"

하고 요구하면 자녀는 당연히 스트레스를 받을 것입니다. 어렸을 때는 싫어도 엄마 말을 따르지만, 커가면서 점점 자신의 목소리를 내게 됨에 따라 엄마와 자녀 사이에 갈등이 생기기 시작합니다.

현명하고 지혜로운 엄마라면 이제 자녀의 성향에 따라 맞춤식 지도를 해야 합니다. 다양한 측면에서 내 자녀의 성향에 꼭 맞는 맞춤 교육이 필요한 것입니다. 5장에서 다루는 자녀의 성격 유형의 특징과 강점, 학습과 정서에 대한 내용을 참고하기를 바랍니다.

자녀의 성격에 맞는 진로 지도

엄마들은 자녀의 진로와 적성을 고민하고 미래의 직업에 관심이 많습니다. 에니어그램을 배운 엄마는 이제 더 이상 자신의 기준을 강요하지 않습니다. 자녀의 적성과 의사를 고려하지 않고 무조건 의사, 변호사가 되라는 말을 더 이상 하지 않기로 한 것입니다. 엄마는 자녀의 성향을 파악해 자녀가 자신의 적성과 재능을 펼칠 수 있도록 기다려주고 지원해주어야 합니다.

사람은 누구나 삶을 살아갈 수 있는 자질을 가지고 있습니다. 그렇기 때문에 무슨 유형에는 무슨 직업이 딱 맞는다고 하는 것은 경솔한 판단입니다. 하지만 대체로 타고난 기질에 알맞은 직업 유형이 있으며, 실제로 각 유형의 사람들이 가장 선호하는 것으로 나타납니다. 성격 유형상 욕구가 있으므로 무엇보다 자녀가 좋아하고 원하는 것을 택하는 것이 좋습니다. 아울러 꾸준한 노력과 올바른 선택이 매우 중요합니다. 자녀의 성향에 따른 진로 적성에 대해서는 고민해볼 가치가 충분합니다.

참고로, 본능형의 자녀는 실행력과 구체적 결과물을 바로 얻을 수 있는 역동적인 일로 조직이나 사람을 이끄는 활동적이고 리더십 강한 직업을 선호합니다. 또 가슴형의 자녀는 이미지가 중요하기 때문에 타인에게 인정과 관심, 사랑을 받는 일을 선호합니다. 마지막으로 머리형의 자녀는 논리적이고 이성적이어서 지적 능력을 발휘할 수 있는 직업을 선호합니다.

성격 유형별 선호 직업

에너지가 넘치고 리더십이 강한 8유형 자녀

벤처 사업가, 3D 건설업자, 우주산업체 경영, 고속교통기업 경영자, 미래신규사업 개척가, 국제 마케팅 책임자, 기업교육 강사, 종교지도자, 스포츠 경기 시뮬레이션 사업가, 스포츠감독, 운동선수, 정치인, 마이크로칩 관리경찰, 군인 등

모든 이를 너그럽게 이해하고 포용하는 9유형 자녀

국제분쟁 조정자, 외교분석 전문가, 전문인력 중재자, 참여 전문가, 초고속 개인교통연결서비스 전문가, 행정관리자,

명상전문가, 심리상담가, 언어치료사, 정신보건전문가, 고령자통합 한의사 등

도덕성이 강하고 꾸준히 노력하는 1유형 자녀

교육관련 전문가, 국가시스템 전문관리자, 세관시스템 관리사, 특수기업 회계관리사, 국가범죄시스템 분석사, 기업 경영자, 조세감독관, 정치인, 원고교정 전문가, 스포츠선수 분석전문가, 환경사회운동가 등

친절하고 마음이 착한 2유형 자녀

맞춤식 특별비서, 호텔서비스업 종사자, 고객필요전문가, 특수세일즈맨, 바이오서비스업체 경영자, 이벤트업체 경영자, 교육전문가, 유아교육 전문교사, 통합간호사, 사회복지기관 종사자, 특수분장메이크업 전문가 등

적극적이고 목표지향적인 3유형 자녀

영업담당 매니저, 빅데이터 경영컨설턴트, 3D 전문경영인, 특수세일즈, 미래산업 투자상담가, 국제금융시스템 전문가, 사물인터넷 사업가, 무인항공기 분류전문가, 정치인, 보좌관, 우주과학 전문아나운서, 연예인 등

창의적이고 예술적 감각이 뛰어난 4유형 자녀

감각분석 전문디자이너, 그래픽 전문가, 광고기획 전문가, 특수동시통역사, 음악가, 무용가, 화가, 연예인, 특수실내장식 전문가, 전문심리학자, 자아평가전문가, 결핍전문 상담원, 개인정보 전문보호자 등

냉철하고 분석적인 5유형 자녀

전략기획 전문가, 전문투자분석가, 공유시스템 경제분석가, 우주교통연구원, 고령자생존관련 의학연구원, 천문지리학자, 미래산업 지도교수, 컴퓨터 프로그래머, 소프트웨어 개발자, 영화감독, 프로 바둑기사, 시뮬레이션 박물관장 등

성실하고 책임감이 강한 6유형 자녀

전문비서, 대체금융시스템 전문가, 데이터재정 전문가, 특수교사, 국가행정 전문가, 사이버경찰 전문가, 기업감사, 고령자 전문약사, 마이크로센서 설치전문 수의사, 빅데이터 도서관사서, 수자원관리감독자, 대기영향평가사, 특수보완업체 전문가 등

낙천적이고 유머가 풍부한 7유형 자녀

3D 아이디어상품 개발자, 인체센서 개발자, 무인항공기 설계자, 홍보전문가, 개인마케팅 컨설턴트, 특수디자인 개발

자, 우주항공여행 전문가, 모험전문업체 경영자, 전자출판
및 언론 전문가, 우주사진 전문가, 기업체 전문사회자, 특수
개그맨 등

5장

에니어그램
성격 유형에 따른
맞춤식 교육법

8유형 자녀
에너지가 많은 리더형

도전적이고 자기주장이 강한 리더형

8유형의 자녀는 자신의 생각이나 느낌을 거침없이 당당하게 주장합니다. 어떤 일이든 된다는 자신감으로 힘 있게 추진하지요. 어렵고 힘든 상황이 닥쳐도 두둑한 배짱으로 밀어붙이는 대담성도 갖췄습니다. 또한 지배 욕구가 있어 친구들은 물론 부모나 어른들까지 자기 뜻대로 통제하려 해서 엄마나 주변 어른을 당황시키기도 합니다.

이들은 자기 주변에 있는 모든 것을 보호하려 하고, 약한 사람과 친구들을 지켜주고 방어해주는 의리 있는 리더형입니다. 또한 정의를 부르짖으며 친구들이 부당한 일을 당하면 바로잡아야 한다는 의무감으로 강력히 항의하거나 직접 응징하려고 합니다. 힘과 에너지가 넘쳐 놀이나 활동에 적극 참여하며, 친구들과의 놀이도 주도적으로 이끄는 리더십을 보여줍니다.

또한 이들은 자신의 뜻대로 되지 않을 때는 불같이 화를 내거나 고집을 부리며 저항합니다. 자신의 뜻을 관철시키기 위해 친구들에게 겁을 주기도 해서 주변 친구들이 피하기도 합니다. 직설적 표현으로 상대를 당황시키기도 하지만, 속은 따뜻하고 부드러우며 상처를 잘 받는 여린 면도 있습니다. 때로는 자신의 잘못을 인정하지 않고 부정하거나 적반하장 격으로 오히려 큰소리치거나 버럭 화를 내기도 합니다.

8유형 자녀의 강점

에너지가 많고 '나는 할 수 있다'는 자신감이 넘쳐납니다. 한번 마음먹은 일은 적극적으로 추진하는 의지력과 결단력도 강합니다. 그래서 8유형 자녀는 엄마의 간섭 없이도 해야 할 일을 스스로 잘 수행할 수 있습니다. 그렇기 때문에 학습적인 부분이나 어떤 일을 맡았을 경우 엄마는 자녀의 의지력을 믿고 인내심을 가지고 기다려주십시오.

또한 8유형 자녀는 어려운 상황이 닥쳐도 뒤로 물러서거나 두려워하지 않고 당당히 정면 돌파하는 승부사 기질을 보여줍니다. 이들은 주변 사람들의 의견을 수렴하면서도 자신의 주관적 신념을 밀고 나갈 수 있는 강력한 카리스마를 갖춘 리더형입니다.

또한 신속한 판단과 직관력으로 위기 상황에 대처하는 능력이 탁월합니다. 과감하고 저돌적인 추진력으로 큰 프로젝트에 대해 신속한 결정을 내릴 수 있는 리더십이 강점인 이들은 세상에 좋은 영향을 끼칩니다.

그런가 하면 다른 사람을 보호하고 지켜주려는 마음과 약한 사람에 대한 여린 감정을 보여주며 거짓 없이 맑고 순수한 면이 있습니다. 솔직하고 정직한 8유형 자녀는 친구나 다른 사람들에게 관대합니다. 또한 자기 울타리 안에 들어온 사람들을 끝까지 지켜주고 보살펴주는 책임감이 강합니다. 믿고 기다려주는 엄마의 양육 태도는 8유형 자녀를 미래의 카리스마 있는 리더로 만들 것입니다.

·············· Q & A ··············

Q. 학습을 하라고 해도 알았다면서 안 하고 자기가 하고 싶은 일을 하거나 "내가 알아서 할게" 하고 대답하는데, 어떻게 해야 할까요?

A. 엄마가 자녀의 성향을 무시한 채 이거 해라, 저거 해라 하고 명령조로 지시하지 않았는지 점검해볼 필요가 있습니다. 8유형 자녀는 누군가에게 통제를 받으면 본능적으로 거부하고 반항적인 태도를 보이기 때문입니다. 그래서 이들에게는 지시를 내리고 명령을 하면 오히려 반항합니다. 8유형 자녀에게 모범적인 학습 습관을 익히게 하는 것이 쉽지는 않지만, 자녀가 어려서부터 엄마가 조금씩 공부 습

관을 들여줄 필요가 있습니다. 또 구체적이고 분명한 목표가 있으면 집중력과 추진력을 발휘하니 동기부여가 될 수 있는 환경을 만들어주세요.

자녀가 엄마의 모습을 보고 스스로 판단하고 결정할 수 있도록 엄마가 공부하는 모습을 보여주는 것도 좋은 방법입니다. 단, 지시적으로 하지 말고 자녀가 자신의 뜻과 의지를 믿고 스스로 전략을 세울 수 있게 유도해야 합니다. 독립심이 강해 혼자 해내고 싶은 자녀의 욕구를 인정해줘야 합니다. 쫓아다니면서 잔소리를 해봤자 관계만 나빠지기 때문에 단호하게 한 번 말한 뒤 자녀를 믿고 기다리는 것이 효과적입니다.

Q. 친구나 동생과 의견이 부딪치거나 일이 뜻대로 되지 않으면 화를 버럭 내요. 심지어 장난감이나 물건을 던지기도 하는데 어쩌죠?

A. 8유형 자녀는 자신의 감정을 조절하는 데 서투릅니다. 그래서 화를 내지 말아야 할 상황에서도 분노를 조절하지 못합니다. 이럴 때 엄마는 자녀와 맞서지 말고 한 발 뒤로 물러나 잠시 기다려야 합니다. 그런 다음 자녀가 조금씩 마음의 안정을 찾으면 인내심을 가지고 대화를 하세요.

왜 화를 내는지 자녀의 감정을 알아줘야 합니다. 그런 행동에는 분명 원인이 있으므로 엄마는 자녀의 정서를 어루만져주고 이유를 말하게 해야 합니다. 그리고 분노를 표현할 때 상대가 받는 상처에 대해서도 차분히 대화를 나누고 분노의 감정을 어떻게 다스려야 하는지 알려주십시오. 자녀가 화낸 이유를 듣지 않고 분노를 표현한 행동만 가지고 훈계하거나 굴욕적인 체벌을 하면 자녀는 속으로 화난 감정을 곱씹거나 복수의 감정을 가지게 됩니다.

엄마도 당황스럽고 화가 나겠지만 차분하게 사랑스러운 마음으로 자녀의 정서를 이해하고 대화로 풀어주십시오. 그러면 자녀도 생각이 있으므로 반성하고 사과하게 될 것입니다.

또한 자녀가 자기 마음대로 안 된다고 화를 이기지 못해 물건을 던지거나 공격적인 행동을 할 때는 엄마가 단호하게 제지해야 합니다. 그러고 나서 "이렇게 하고 싶었구나", "그런데 잘 안돼서 화가 났구나" 하며 정서를 공감해줍니다. 그리고 왜 그런 행동을 했는지 이유를 물어야 합니다. 모든 행동에는 동기가 있기 때문입니다. 무조건 혼내거나 윽박질러서는 안 됩니다.

특히 에너지가 강한 8유형 자녀의 경우 바깥놀이나 운동 등 신체를 많이 움직이게 하는 것이 좋습니다. 신체활동을 통해 과한 에너지를 발산하고 나면 스트레스도 해소되고 기분 전환도 돼 행동이 차분해지고 정서적으로 안정됩니다.

9유형 자녀
느긋하고 온순한 평화형

느긋하고 안정된 평화주의자형

9유형 자녀는 주변 사람들과 갈등이나 충돌 없이 조화롭게 지내기를 바랍니다. 친구나 가족, 다른 사람들과 분쟁하거나 다투는 것을 원치 않고 모든 사람들과 잘 지내며 원만하고 편안한 상태를 바랍니다. 이들은 넓고 착한 마음으로 모든 이들과 잘 동화하는 이해심 많은 유형으로 엄마와 형제자매, 친구들과의 관계가 원만합니다.

모든 일을 '좋은 게 좋다'는 식으로 생각하기 때문에 어려운 상황이 닥쳐도 꾹 참아내거나 '어떻게든 해결되겠지' 하며 매사에 신경을 쓰지 않습니다. 자신의 욕구를 주장하거나 의견을 낼 때 자기 마음에 안 들어도 대응하는 게 싫어서 그냥 '예'라고 해버립니다. 하지만 때로 황소고집을 부릴 땐 대책이 없습니다.

9유형 자녀는 이 세상의 모든 사물에 대한 관점이 다양하기 때문에 신속하게 결정을 내리지 못합니다. 그래서 매사에 느리고 꾸물거리고 게으르며 우유부단한 모습을 보이기도 합니다. 나이답지 않게 점잖고 듬직한 성격으로 매사 근심 걱정 없이 서두르지 않으며 느긋하고 태평스럽습니다. 즉, 다른 자녀들에 비해 행동이 느리고 둔하며 말도 느린 편입니다.

정리정돈이나 청소를 싫어하고, 할 일을 미루거나 눈앞에 닥쳐서야 급하게 쩔쩔매며 마무리할 때가 많습니다. 겉으로는 무사태평하고 온화한 편이지만, 아주 가끔씩 화가 나면 뚱한 표정을 짓거나 화산이 폭발하듯 크게 분노를 표현하기도 합니다.

9유형 자녀의 강점

어떤 어려운 상황에서도 당황하지 않고 침착하게 잘 견뎌내는 인내심이 강합니다. 세세한 것보다는 전체 흐름을 파악하는 능력이 뛰어나 국가와 국가 간의 협력을 이끌어 외교적 성과를 올리는 데 탁월한 능력을 발휘합니다. 즉, 한쪽으로 치우치지 않고 다양한 각도에서 긍정적으로 사물을 보는 9유형은 중재자 재능을 타고났습니다. 이들은 각각의 입장을 잘 이해하고 받아들입니다. 또한 장기적인 안목과 다양한 관점에서 봐야 하는 투자나 큰 사업 등을 잘해내기도 합니다.

9유형 자녀는 모든 친구를 이해하는 넓은 마음과 진심으로 존중하는 배려심이 있어 많은 친구의 믿음과 신뢰를 받습니다. 이들은 친구들과의 관계에서 너그러운 태도를 보이고 친구의 입장을 있는 그대로 보고 수용합니다. 또 모든 친구와 화합하고 조화를 이루기 위해 애씁니다. 친절하고 마음 따뜻한 9유형 자녀는 다른 친구들의 의견을 잘 수용하는 평화주의자입니다.

9유형 자녀에게는 모든 유형을 아우를 수 있는 도량을 갖추고 상대에게 편안함을 주는 상담자의 모습을 기대해볼 수 있습니다. 은근과 끈기를 자랑하는 능력 있고 평화주의적인 중재자의 모습이 그려지지 않습니까? 엄마들이여, 자녀가 자신감을 가질 수 있게 칭찬해줍시다.

Q&A

Q. "공부해라", "숙제해라" 하면 대답만 하고 텔레비전을 보거나 누워서 뒹굴어요. 그렇게 미루다가는 밤늦게 쩔쩔 매면서 하거나 과제를 다 못할 때가 많은데, 좋은 방법이 없을까요?

A. 매사에 갈등이 없기를 바라는 9유형 자녀는 서두르지 않습니다. 모든 일이 급할 게 없고 걱정하지 않는 유형이어서 자기가 해야 할 일을 그리 크게 걱정하지 않습니다. 그래서 매사 뭉그적거리며 미루고 행동이 굼뜬 편입니다. 엄마가 빨리하라고 소리를 지르거나 잔소리 폭격을 퍼부으

면 자녀는 그 상황을 모면하기 위해 "예" 합니다. 그런데 엄마가 무서워 책상에 앉아 있기는 하지만 멍하니 다른 곳을 보거나 대충 하는 척만 할 뿐 적극적으로 하지 않습니다. 이들은 다그치면 다그칠수록 행동을 고치기보다는 오히려 위축되고 자신감을 상실할 수 있습니다. 그래서 9유형 자녀를 둔 엄마들은 인내심을 갖고 조금씩 공부 습관을 길러 줘야 합니다.

특히 9유형 자녀는 문제를 축소해서 해석하거나, 크게 생각지 않아 심각하게 받아들이지 않습니다. 이럴 때 엄마는 차분한 어조로 인내심을 가지고 습관을 형성해주어야 합니다. 특히 9유형 자녀는 종종 자신이 부족한 점이 많고 무엇도 잘하지 못한다고 생각하므로 작은 것이라도 어떤 결과물을 만들어내면 엄마가 칭찬을 아끼지 말아야 합니다.

칭찬을 많이 하면 버릇이 나빠진다고 생각해 칭찬에 인색한 엄마들이 많습니다. 하지만 9유형 자녀에게는 칭찬을 아무리 많이 해도 탈이 없으니 자신감을 가질 수 있게 엄마의 칭찬을 퍼부어주십시오. 또한 이들은 잘 짜인 계획표처럼 일단 습관이 들면 계속 잘하는 경향이 있으므로 엄마는 무엇보다도 자녀가 계획적으로 학습할 수 있게 도와줘야 합니다.

9유형 자녀는 목표가 뚜렷해지면 엄청난 추진력과 지구력으로 결과물을 얻을 수 있습니다.

Q. 자신의 욕구나 감정을 표현하지 못해요. 알았다고 대답해놓고는 행동으로 옮기지 않거나 꾸물대기, 잠자기, 고집으로 대응하는데 어떻게 하면 좋을까요?

A. 모든 사람들과 갈등을 일으키길 원치 않는 9유형 자녀는 자신의 욕구와 감정을 표현하지 못합니다. 엄마는 물론 친구들과도 불편한 갈등 관계를 원치 않기 때문에 일단 무조건 대답을 하고 그 상황을 피합니다. 하지만 그 내면에서는 하기 싫은 상황이거나 자기 마음에 안 들면 대답과는 달리 행동으로 나타나지 않습니다. 또 행동을 하더라도 재빠르게 움직이지 않고 느릿느릿하거나 뒤로 미룹니다.

화가 나면 겉으로는 표현하지 않고 무시하거나 말 안 하기, 잠자기 등 수동적 공격을 합니다. 이런 자녀를 보는 엄마는 답답할 수밖에 없지만, 행동하지 않는다고 자녀를 무조건 몰아붙여서는 안 됩니다. 자녀가 꾸물대거나 잠을 자버릴 경우 화가 났거나 불만이 있는 것으로 여기고 자녀의 감정을 잘 읽어줘야 합니다.

엄마는 상냥하고 친절한 말투로 인내심을 가지고 자녀의 욕구불만을 해소해줘야 합니다. 사람의 어떤 행동에는 동기가 있게 마련입니다. 엄마는 자녀의 동기를 파악해 욕구를 해소해주고, 자녀의 감정을 편안하고 안정감 있는 상태로 만들어줘야 합니다. 그래야 자녀가 편하게 자신의 감정을 표현할 수 있으니까요.

특히 9유형 자녀는 적극적인 지지와 기다림을 필요로 합니다. 자녀를 따뜻이 안아주고 아주 작은 일이라도 칭찬하고 격려해줍시다. 이를 통해 자신감과 자존감이 높아질 것입니다.

1유형 자녀
원칙적인 완벽 추구형

완벽과 이상을 추구하는 개혁가형

1유형 자녀는 모든 일을 자신이 세운 원칙과 기준에 따라 정확히 해내야 한다고 생각합니다. 학교에서나 가정에서나 강한 의무감과 책임감을 가지고 자신이 옳다고 생각하는 기준에 따라 질서 있게 바로잡아야 한다고 생각합니다. 이들은 모든 일을 올바르고 완벽하게 하려면 늘 긴장을 늦추지 않고 꾸준히 노력해야 한다고 생각합니다. 즉, 결과도 중요하지만 꾸준히 노력하는 자세와 과정을 매우 중요시합니다. 그래서 1유형 자녀는 학교생활이나 학습 습관 등에서 타의 모범이 되는 전형적인 모범생 스타일입니다.

이들은 모든 면에서 제대로 해야 한다고 생각하며, 그것이 제대로 되지 않으면 심하게 자책하기도 합니다. 그렇게 늘 긴장하고 신경을 곤두세워서인지 1유형 자녀는 대부분 체격이

호리호리합니다. 이들은 올바르고 정직하게 살기 위해 높은 기준과 엄격한 잣대를 자신에게 적용합니다. 또한 친구나 주변 사람, 심지어 엄마에게도 그 기준을 적용하고 그 기준에 못 미칠 때는 즉각 지적하고 간섭하며 바로잡아주려고 하거나 개선하도록 충고합니다.

이들은 규칙이나 약속을 어길 때도 대충 넘어가지 않고 곧바로 지적합니다. 특히 시간관념이 철저해서 주변 사람들에게 시간 약속을 반드시 지킬 것을 요구합니다. 그래서 사람들은 1유형 자녀를 까다롭고 융통성이 없다며 부담스러워하기도 합니다.

1유형 자녀의 강점

매사를 원칙대로 하고 자신만의 기준에 따라 신중하게 결정하는 유형입니다. 오래 생각한 뒤 해야겠다고 결정하면 강한 추진력으로 하나씩 실천해나가며, 개인의 사사로운 이익보다는 대의를 위해 자신의 능력을 펼칩니다. 이들은 명분과 의의를 추구하며 더 나은 세상을 위해 일하는 리더의 모습을 보여줍니다. 어떤 일이든 일회성에 그치지 않고 늘 꾸준히 노력하며 자신이 맡은 일은 끝까지 해내는 책임감도 갖춘 모범적인 유형입니다.

1유형 자녀는 공정한 자세로 개인보다는 전체의 이익을 위해 규칙과 규범을 잘 지키며 그에 걸맞은 일을 추진하는 도덕적 성향을 보입니다. 공과 사를 구분할 줄 알고 말과 행동이 일치하는 이들의 일관적 태도는 많은 사람들에게 믿음과 신뢰를 줍니다. 근면 성실한 자세로 꾸준히 노력하는 개혁가 스타일의 1유형 자녀는 미래를 이끌어갈 청렴결백한 리더의 모습을 보여줍니다.

Q&A

Q. 학습이나 과제물이 하나라도 틀리면 완벽할 때까지 하고 또 하고 계속 반복해서 체크를 합니다. 어떻게 해야 할까요?

A. 1유형 자녀는 자신에게 주어진 일은 무엇이든 완벽하게 처리하려고 합니다. 한 치의 오차도 없이 정확하고 결함 없이 하려고 노력 또 노력하지요. 하지만 조금이라도 실수를 하거나 틀릴 경우 새로 다시 하기 때문에 에너지 소모가 많습니다. 그렇게 보고 또 봐도 혹시 실수를 할까봐 긴장하고 신경을 씁니다. 이럴 때는 엄마가 "틀려도 괜찮다"고 얘기를 해줄 필요가 있습니다. 다른 잔소리는 할 필요 없습니다. 지금도 아이는 엄격한 기준을 세워 자신을 채찍질하고 있으니까요.

1유형 자녀는 또 자기 방이나 책상 등 자신의 주변을 항상 깔끔하고 흐트러짐 없게 잘 정리해둡니다. 그래야 공부의 효율성이 높아진다고 생각하기 때문입니다. 엄마가 이거 해라, 저거 해라 하기도 전에 스스로 알아서 계획을 세우고 꼼꼼히 점검하며 공부합니다. 공부를 잘하기 위해 꾸준히 노력하기 때문에 학교 성적도 우수한 편인데, 자신이 세운 기준이 너무 높아 스스로를 옥죄는 경향이 있습니다.

이런 성향상 긴장을 많이 하기 때문에 배앓이를 자주 호소합니다. 이때 엄마는 자녀가 긴장을 풀 수 있도록, 숙제나 학습 또는 해야 할 일에 너무 집착하지 않도록 지도해야 합니다. 창의력을 키우는 활동이나 자녀가 좋아하는 예체능, 신체활동을 엄마가 함께하면 좋습니다.

Q. 화가 나도 참으면서 못마땅한 표정을 짓거나 인상을 써요. 작은 실수도 용납하지 못하고 자책하거나 짜증을 내고요. 세세한 데 신경 쓰다가 정작 중요한 것을 놓치는데, 어떻게 해야 할까요?

A. 1유형 자녀는 모든 일이 완벽하고 원칙에 딱 들어맞아야 한다는 신념이 있고, 그 집착이 충족되지 않을 때는 분노를 느낍니다. 그런데 화를 내는 것은 나쁜 행동, 즉 옳지 않은 행동이라고 생각하기 때문에 분노를 느끼면서도 이를 표현하기보다는 꾹 참아내지요. 눈썹 찌푸리기, 인상 쓰기, 못마땅한 표정 짓기 등으로 표현하는 것입니다.

인간의 감정 중 분노는 누구나 느끼는 것이지만 1유형 자녀는 분노를 적절히 표출하지 못합니다. 이때 엄마의 도움이 필요합니다. 자녀의 성향을 이해하고 자신의 감정을 자유롭게 표현할 수 있도록 해줘야 합니다. 즉, 편안하고 안정된 분위기를 조성해 늘 긴장하고 있는 자녀가 자신의 감정에 대해 이야기할 수 있게 하고 이에 공감해주는 것입니다. 또한 틀이나 규칙에 얽매이지 않는 놀이나 재미있는 활동을 할 기회를 제공해주십시오. 가족끼리 여행을 가거나 동네를 산책하는 것도 좋고, 함께 자전거를 타며 즐거운 시간을 보내는 것도 도움이 됩니다.

1유형 자녀는 모든 것을 제대로 해야 한다는 신념 때문에 사소한 실수도 용납하지 못하고 자신을 비판하며 자책합니다. 생각대로 되지 않으면 짜증도 내기도 합니다. 이때 엄마는 자녀와 같이 짜증을 내거나 혼내서는 안 됩니다. 실수해도 괜찮다는 것을 자상하고 친절하게 말해줘야 합니다. 그리고 자녀가 뭔가를 잘하면 꼭 칭찬을 해줍시다.

또한 너무 세세한 것을 신경 쓰다가 큰 것을 놓치는 경우가 있으니 엄마가 이 점도 잘 점검해주어야 합니다. 그럴 때는 "가장 급한 일이 뭐지?", "무엇을 먼저 해야 할까?" 하고 친절하게 질문을 해서 자녀가 큰 것을 놓치지 않도록 도와주십시오.

2유형 자녀
따뜻하고 친절한 도우미형

상냥하게 남을 도와주는 도우미형

2유형의 자녀는 친구들이나 다른 사람의 필요를 알아차리고 적극적으로 도와주는 천사 같은 유형입니다. 이들은 다른 사람을 위해 일하거나 도움을 줌으로써 행복해합니다. 늘 부드럽고 상냥한 모습으로 생글생글 웃으며 친구나 엄마를 대하기 때문에 많은 사람들이 2유형 자녀를 좋아하지요. 자신보다 남을 먼저 챙기고 배려하기 때문에 모든 에너지가 외부에 집중돼 학교에서 돌아오면 종종 피곤해합니다.

또한 친구를 좋아하고, 자신이 사랑하는 사람들의 단점을 들추기보다는 장점을 발견해 칭찬과 지지를 아끼지 않습니다. 하지만 여린 면이 있어서 친구나 다른 사람들과의 관계에서 사소한 문제가 생기면 거부당했다는 느낌을 받고 배신감을 느낍니다.

2유형 자녀는 다른 사람들에게 사랑을 받고 좋은 아이, 착한 아이라는 인정을 받기 위해 끊임없이 노력하고 타인의 비위를 맞추는 경향이 있습니다. 관심과 사랑이라는 피드백을 받기 위해 자신의 욕구는 억누른 채 타인만 보기 때문에 감정이 억압돼 스트레스를 받으면 짜증을 내거나 화를 내기도 합니다. 또한 다른 사람이 도움을 청하지 않는데도 자신의 도움이 필요하다는 자만심으로 남을 돕기도 합니다.

2유형 자녀의 강점

마음이 따뜻하고 친절한 2유형 자녀는 다른 사람들과의 관계를 중요시합니다. 그래서 사교술이 뛰어나 다방면으로 원만한 인간관계를 맺습니다. 또한 타인에 대한 배려심이 깊어 많은 사람들이 이들에게 믿음과 신뢰를 가집니다. 항상 긍정적인 면을 보고 칭찬을 잘하기 때문에 커뮤니케이션에 능한 면도 있습니다.

또한 타인을 돕고자 하는 에너지는 사회에 선한 영향을 끼칩니다. 진정한 사랑과 봉사정신으로 인류에 커다란 영향을 미치고 세상에 큰 도움이 되는 타고난 봉사자입니다. 2유형 자녀는 다른 사람의 욕구를 재빨리 파악하는 능력이 탁월하고 어떤 경우에도 생글생글 웃으며 미소로 대하기 때문에 가정이나 학교에서 늘 훈훈한 분위기를 만드는 주인공입니다.

2유형 자녀는 다양한 사람을 상대하며 선하고 좋은 에너지를 펼쳐 좋은 교사, 좋은 상담자, 사회복지사가 될 가능성이 많습니다. 특히 사람을 많이 상대하는 사업에서도 능력을 발휘할 수 있습니다.

Q & A

Q. 공부보다는 친구들과 노는 것을 좋아하고, 또 혼자 공부하기보다는 친구랑 같이 하기를 원해요. 어떻게 해야 할까요?

A. 2유형 자녀는 친구들과 놀고 같이 어울리는 일을 중요하게 생각합니다. 그래서 자녀가 귀가하면 엄마가 바로 정해진 학습이나 숙제를 할 수 있게 지도해야 합니다. 또한 과제를 마치면 따뜻한 격려와 칭찬을 해준 뒤 자유롭게 놀 수 있도록 해야 합니다.

이들은 혼자 계획을 세워 공부하거나 독서하는 것을 조금 힘들어 할 수 있으니 그럴 때는 친구와 함께하는 것도 좋습니다. 과제를 할 때 엄마가 옆에서 도움을 주거나 상호작용을 해주는 것도 좋은 방법입니다.

2유형 자녀는 감정적으로 예민하기 때문에 엄마가 학습 습관을 들이기 위해 일방적으로 지시하거나 강압적으로 윽박지르면 점점 더 불안감을 느끼고 위축됩니다. 이들에게는 특히 관심과 칭찬이 좋은 약인 만큼 인내심을 가지고 친절하고 부드럽게 자녀의 습관을 바로잡아주십시오. 그러면 안정감 있게 엄마에게 좋은 자녀가 되기 위해 노력할 것입니다.

Q. 친구들이 무슨 부탁을 해도 다 들어주고, 자신이 하고 싶은 게 있어도 무조건 참고 친구들한테 요구하지 못해요. 그러고는 집에 오면 짜증을 내고 화를 내는데, 어떻게 하면 좋을까요?

A. 2유형 자녀는 다른 친구들에게 인정과 사랑을 받고 싶어 하는 마음이 강한데, 그러려면 자신이 먼저 사랑을 줘야 한다고 생각합니다. 이들은 친구의 부탁을 들어주고 도와주고 관심을 줌으로써 사랑을 주는 것이라 생각하지요. 그래서 자신의 욕구는 억누르고 친구의 부탁을 들어줍니다. 이렇게 자신의 감정을 억누르기 때문에 2유형 자녀는 심리적으로 많은 압박을 느낍니다. 그래서 친구나 다른 사람들에게 화를 내지 않는 반면, 집에 와서는 그나마 편하게 생각하는 동생이나 엄마에게 짜증을 부리고 화를 내는 것입니다. 이럴 때 많은 엄마들은 "왜 바보같이 친구 부탁은 다 들어주면서 너는 하고 싶은 말을 못해" 하고 소리를 지르며 혼냅니다. 그런데 이렇게 윽박지르면 2유형 자녀는 더욱더 위축되고 불안감을 느끼며 소심해집니다.

그래서 엄마가 이럴 때 침착하게 "친구를 도와주는 것은 아주 좋은 일이야" 하고 칭찬의 피드백을 해줘야 합니다. 그러고 나서 자녀가 안정감을 갖고 이런저런 이야기를 하면 친절한 목소리로 "친구들을 배려하고 이해하는 것도 좋지만, 너 자신도 소중하단다" 하고 말해주십시오.

이들에게는 자신의 욕구보다 다른 친구의 욕구가 우선이기 때문에 자신의 감정이나 욕구를 돌보지 못합니다. 그래서 엄마가 자녀의 감정은 어떤지, 욕구가 무엇인지를 일깨워줄 필요가 있습니다. 즉, "네가 원하는 건 뭐야?" 하고 자주 물어주고 거절하는 방법을 연습시켜야 합니다. 무조건 친구의 요구를 들어주지 말고 기분 상하지 않게 거절할 수 있도록 용기를 북돋아주십시오.

이때도 엄마는 절대 평정심을 잃지 말아야 합니다. 또한 자녀에게 근거 없는 칭찬을 하기보다는 구체적인 내용을 칭찬해주고 자녀를 인정하는 태도를 보여주십시오. 자녀가 스스로 자기주장을 하고 자아존중감을 가질 수 있게 해주어야 합니다.

3유형 자녀
목표를 달성해내는 성취지향형

적극적이고 유능한 성공지향형

3유형 자녀는 스스로 세운 목표를 달성하기 위해 열심히 노력하는 성공지향적 성향을 보입니다. 자신이 정한 목표를 성취하면 또 다른 성공을 위해 달려가는 매우 활동적이고 바쁜 유형입니다. 자신이 목표를 세우고 그 결과물을 내놓기 때문에 늘 칭찬을 받고 능력을 인정받습니다. 이들은 친구나 다른 사람들에게 "공부를 잘하는구나", "그림도 잘 그리네", "최고야" 하는 말을 듣고 싶어 합니다. 이들은 자신의 능력을 자랑스러워하며, 남들이 알아주기를 바라는 마음에서 자랑을 하기도 합니다.

어느 분야에서든 탁월한 능력을 발휘하는 3유형 자녀는 공부든 예체능이든 자신이 세운 계획과 목표를 향해 앞만 보고 달리는데, 빠른 시간 안에 결과를 얻으려고 무리하는 경향이 있습니다. 그럴 때는 자신이나 다른 사람의 감정과 욕구를 무시하기도 해서 친구들과의 관계가 소원해질 수도 있습니다. 또한 성공을 위해 지나치게 에너지를 쓰기 때문에 지치기도 하고 건강이 나빠지기도 합니다. 이들은 늘 성공하기를 바라기 때문에 실패를 인정하지 않으려 합니다.

이들은 적극적이고 진취적이며 성공적인 모습으로 많은 친구들의 롤 모델이 되기도 합니다. 친구들을 리드하고 설득해 어떤 결과물을 얻어내는 능력이 있으며, 어떤 상황에서도 다른 사람들에게 멋진 이미지를 보여주고 싶어 하기 때문에 외모에도 관심이 많습니다.

3유형 자녀의 강점

매사에 긍정적이고 진취적인 자세로 모든 일을 자신 있게 처리해내는 능력 있는 유형입니다. 목표를 세워 빠르고 효율적으로 일을 처리하기 때문에 원하는 결과물을 얻으며, 다방면에서 모든 일을 잘해내는 능력자입니다.

이들은 공부든 일이든 늘 최고가 되기 위해 끊임없이 노력합니다. 자신감 있게 성공을 추구하며, 다른 사람이 성공할 수 있게 적극적으로 동기부여를 하는 능력도 탁월합니다. 이들의 뚜렷한 목표의식은 앞을 향해 나아갈 수 있게 하는 목표점이 됩니다. 성공한 이미지를 중요시하는 이들은 옷차림이나 자세도 매력적이어서 많은 사람들에게 호감을 얻으며, 이 점은 인간관계나 비즈니스에서 긍정적인 결과를 낳습니다.

3유형 자녀는 어떤 상황에 놓여도 알맞게 대처하는 능력이 있으며, 다방면에서 성공한 본보기로 많은 사람들의 롤 모델이 되기도 합니다. 또한 매사에 긍정적이어서 위기가 닥쳐도 이를 기회로 삼아 상황을 자신에게 유리하게 만들 수 있는 능력자입니다. 이들은 목적의식과 동기가 분명하며 어디에서나 두각을 나타내기 때문에 각계각층에서 리더의 자리에 오르거나 성공을 거둡니다. 3유형 자녀에게는 능력 있는 리더의 모습과 아울러 광고 및 대중매체에서 능력을 발휘하는 모습도 기대해볼 수 있습니다.

················· **Q & A** ·················

Q. 1등을 놓치지 않으려고 친한 친구와 지나치게 경쟁을 하는 바람에 몸도 상하고, 결과에 너무 집착한 나머지 지름길로만 가려 합니다. 어떻게 해야 하나요?

A. 3유형 자녀는 어디에서든 최고가 되려 하기 때문에 늘 노력합니다. 친구들보다 항상 돋보이고 능력 있는 사람으로 보이길 원해서 기필코 최고의 자리에 오르려고 합니다. 이들은 남과 비교, 경쟁하면서 더 잘하려고 하다보니 자신의 능력보다 더 많은 일을 합니다.

머리가 명석하고 조직력이 있어 학교 성적은 최고지만, 칭찬을 받고 싶은 마음에 때로는 규칙을 무시하고 지름길로 가려 합니다. 이때 엄마가 혼내거나 면박을 주면 수치심을 느끼고 우울해하므로 차분하게 잘하고 싶어 하는 자녀의 마음에 공감해줘야 합니다. 그리고 그런 행동이 어떤 결과를 낳을지에 대해 대화를 나눠보십시오.

3유형 자녀는 엄마나 선생님에게 칭찬과 인정을 받고 싶은 욕구로 인해 간혹 독단적인 행동을 할 때도 있습니다. 이럴 때 엄마는 자녀가 스스로 알아서 하는 부분은 인정하고 칭찬해주어야 합니다. 또 과정보다는 결과를 중시해서 주변에 대한 배려심이 부족한 경우가 있는데, 이때 엄마가 결과도 중요하지만 과정의 경험도 소중하다는 것을 이야기해주십시오.

Q. 목표를 세우고 열심히 하다가도 뭔가 제 뜻대로 이뤄지지 않거나 결과물이 신통치 않으면 화를 내고 짜증도 내요. 또 수치심을 느끼고 우울해하는데, 어떻게 해야 할까요?

A. 3유형 자녀는 다른 사람들의 인정과 평가에 예민해서 내면의 감정보다는 겉으로 보이는 외적인 부분에 민감합니다. 좋은 점수, 등수 등 목표를 향해 열심히 앞만 보고 달려가지요. 또한 타인이 인정하고 평가해도 스스로 평가할 때 자신이 원하는 것이 아니거나 결과물이 만족스럽지 않을

때는 자신을 가치 없게 여기고 수치스러워합니다. 그래서 짜증을 내거나 화를 내고, 우울해하거나 불안해하는 것이지요.

이럴 때는 엄마가 자녀의 불안한 정서와 화내는 이유를 읽어줘야 합니다. 3유형 자녀는 성공을 위해 자신의 욕구와 감정을 억누르기 때문에 감정을 솔직히 표현하는 데 약합니다. 그러니 엄마가 인내심을 가지고 자녀의 감정을 어루만져주고 따뜻한 대화를 나누십시오. 어떤 결과를 얻는 것도 중요하지만 진행 과정에서 얻는 게 더 많다는 것을 일깨워줘야 합니다.

또한 엄마는 자녀가 자신의 감정을 솔직히 표현할 수 있도록 편안하고 안정감 있는 환경을 조성해야 합니다. 자녀는 엄마를 안전하고 편하게 생각할 때 자신의 속내를 드러냅니다. 이때를 놓치지 말고 자녀의 정서를 파악하고, 결과우선주의에 대한 집착을 내려놓을 수 있게 도와주십시오.

4유형 자녀
독특함과 특이함을 추구하는 창조형

감수성이 예민하고 창조적인 낭만주의형

독특함과 특별함을 추구하는 4유형의 자녀는 자신의 감정에 몰두해 친구나 다른 사람들과 구분되는 자신만의 독창적인 면을 잘 표현합니다. 또한 따뜻하고 친절하며 상냥하지만 때때로 수줍어하고 외로움을 타기도 해서 엄마들은 4유형 자녀의 변덕스러운 감정 기복을 힘들어 하기도 합니다.

4유형 자녀는 자신이 친구들과 다르다고 생각하며, 또 친구들과 잘 어울리는 사람인지 궁금해합니다. 현실적인 면보다는 자신만의 세계나 특별한 것에 끌리며, 모든 사물을 독창적이고 창조적인 시각으로 바라봅니다. 길가 바위틈에 피어 있는 작은 꽃과도 이야기를 나눌 수 있습니다.

이들은 일상적이고 반복적인 틀에 박힌 일을 싫어하며, 좋아하는 것과 싫어하는 것이 명확합니다. 모든 것에서 특별함을 찾고 거기에 의미를 부여하는 4유형 자녀는 음악성과 예술성이 풍부합니다.

이들은 또 긍정적인 부분보다는 부족하고 미미한 부정적인 면을 보기 때문에 우울함을 느끼기가 쉽습니다. 늘 자신은 친구들과 달리 독특하고 특별하다고 생각해서 극적인 모습을 보이기도 합니다. 때로 자신에게 없는 부분을 가진 친구나 타인을 보면 그것을 갈망하고 또 상대를 부러워해 시기심을 느끼며 질투를 하기도 합니다.

4유형 자녀는 감수성이 예민해서 다른 친구들이 자신을 이해하지 못할까봐 불안해합니다. 또 엄마나 친구가 자신의 감정을 이해하지 못하고 화를 내면 수치심과 불안감을 느낍니다. 그래서 친구는 많지 않지만, 진지하게 깊은 대화를 나눌 수 있는 친구나 엄마를 원합니다.

4유형 자녀의 강점

남과 다른 고유함을 추구하는 4유형 자녀는 창조적이고 뛰어난 감각을 지니고 있어 평범한 물건을 자신만의 개성과 독특함으로 재창조하는 능력이 탁월합니다. 이들은 무엇이든 그것에 특별한 의미를 부여해 아름다운 언어로 표현하거나 영혼이 깃든 결과물을 만들어냅니다. 이들의 진실하고 순수한 감성은 무한한 아이디어로 표현돼 사회에 많은 영향력을 끼칠 수 있습니다.

이들의 섬세하고 깊은 감정은 타인의 감정을 공감하고 수용하는 능력이 있어 다른 사람과 깊은 교류와 공감이 가능합니다. 그래서 코칭을 하거나 능력 있는 상담 전문가로도 많이 활동합니다. 또한 세련되고 환상적이며 풍부한 감성을 타고난 4유형 자녀는 예민한 감성과 창의적이고 독창적인 안목으로 개성이 강한 사업계와 예술계에서 큰 활약을 펼치기도 합니다.

Q&A

Q. 해야 할 학습은 뒤로 미룬 채 자기가 좋아하는 일에만 깊이 빠져 있어요. 또 싫은 과목은 제외하고 좋아하는 과목만 공부하려고 하는데, 어떻게 하면 좋을까요?

A. 감수성이 풍부한 4유형 자녀는 독특함을 추구합니다. 그래서 틀에 박히거나 규칙에 얽매이는 것을 싫어할 수도 있습니다. 또한 성격이 예민해서 주변환경이나 분위기, 기분에 영향을 많이 받지요. 이들은 자신의 감정을 우선시해서 자기가 원하는 일이나 좋아하는 일에 가중치를 부여합니다. 또 개인주의 성향이 있어서 자기감정에 충실하고 진실한 면도 있지요.

4유형 자녀는 자신이 좋아하거나 원하는 것만 하려고 하는데, 이럴 때 엄마는 왜 안 하느냐고 야단치지 말고 먼저 자녀의 감정을 이해해주어야 합니다. 인내심을 가지고 대화하면서 그렇게 하는 이유와 감정을 이해하고 공감해주는 것이지요. 그런 다음 자신이 해야 할 일에 대해 대화를 나누면 자녀도 이에 따릅니다.

또한 이들은 풍부한 정서를 자신만의 언어나 예술적 감각으로 표현하는 능력을 가지고 있습니다. 그래서 엄마가 기본적인 학습 습관을 들이고 자녀가 좋아하는 예술활동을 적극 지지하고 지원해주는 것도 좋은 방법입니다.

Q. 자기를 이해해주지 않으면 지나치게 우울해지기도 하고, 동생을 시기하고 질투합니다. 옷도 독특한 것만 입겠다고 고집을 부려요. 어떻게 해야 할까요?

A. 4유형 자녀는 친구나 엄마가 자신을 이해해주지 않고 뭔가 강압적이고 특정한 방식으로 행동하기를 바라는 것 같으면 아주 예민하고 민감하게 반응합니다. 다른 사람이 자신의 독특함을 이해하고 수용해주지 않으면 버림을 받았다고 생각해 수치심과 불안을 느끼기도 합니다. 나아가 자신이 부족하다는 생각에 우울감과 자기연민에 빠지는 경향이 있습니다.

엄마는 이런 자녀의 감정을 무조건 이해해줘야 합니다. 사실 엄마가 같은 성향이 아니라면 4유형의 예민한 정서와 변덕스러움을 이해하기가 쉽지 않을 것입니다. 그래도 엄마는 자녀의 섬세한 성격을 이해하고 수용해줘야 합니다.

특히 4유형 자녀의 감정은 무조건 이해해줘야만 합니다.

또한 4유형 자녀는 자신이 열등하다고 생각하기 때문에 자신이 중요하게 생각하는 것을 남들이 가지고 있을 때 시기와 질투를 느낍니다. 이럴 때 엄마는 자녀를 혼내지 말고 그 속에 담긴 욕구를 읽어야 합니다. 즉, "네가 그것을 하고 싶었구나", "이것을 가지고 싶었구나" 하고 공감해주는 것이지요.

또한 이들은 다른 사람과 비교해서 자신의 부족한 점만 부각시켜 열등감을 느낍니다. 이런 자녀에게는 동생보다 잘하는 것을 상기시켜주거나 자신이 잘하는 활동을 제시해주세요. 강점을 인정하고 칭찬함으로써 자녀가 자신의 장점을 바라볼 수 있게 도와주는 것입니다.

4유형 자녀에게는 혼자만의 시간과 공간을 주고 조금 떨어져서 엄마가 늘 사랑하고 관심을 가지고 있다는 것을 알게해주는 것이 좋습니다. 혹시 자녀가 우울해하면 조금 기다려주십시오.

또한 이들은 독특한 개성을 표현하기 위해 자기가 좋아하는 옷을 입으려고 합니다. 엄마의 기준에서 보면 조금 못마땅하겠지만 자녀의 선택을 존중해줘야 합니다. 그저 믿고 기다려주는 것이 엄마의 역할입니다.

5유형 자녀
지적 호기심이 강한 탐구자형

분석적이고 이성적인 관찰자형

5유형 자녀는 호기심이 강하고 세상의 모든 이치를 알고 싶고 이해하고 싶은 탐구자형입니다. 지적 욕구가 강해서 늘 객관적 사실이나 정보를 인터넷에서 수집하는 것을 좋아하고, 필요한 내용은 메모도 잘합니다. 대개 책읽기를 좋아하고 차분하면서도 내성적입니다. 아는 것이 많고 분석적·논리적이어서 똑똑하고 학교 성적도 좋습니다. 특히 좋아하는 분야에 집중력이 강해서 밥 먹는 것도 잊을 만큼 몰입합니다.

이들은 친구들과 어울리기보다는 뭔가를 알기 위해 혼자 시간을 보낼 때가 많습니다. 혼자서도 자기 나름대로 즐겁게 시간을 보내지요. 그래서 엄마는 사회성이 떨어질까봐 걱정하지만, 자녀는 혼자 생각하고 분석하고 관찰하는 것을 즐깁니다. 이런 자녀에게는 혼자만의 시간과 공간을 확보해줘야 합니다.

엄마가 지나치게 간섭하거나 강압적인 태도로 요구하기보다는 기다려주고 관심을 가져주는 것이 좋습니다.

5유형 자녀는 세세하게 관찰하고 탐구하기 때문에 다른 사람이 보지 못하는 것까지 볼 수 있는 통찰력과 집중력이 강합니다. 이들은 사물이나 세상을 논리적·객관적으로 판단합니다.

5유형 자녀의 강점

어떤 사건이나 현상을 집중해서 관찰하기 때문에 본질을 파악하는 힘이 뛰어나 경솔하지 않고 신중하게 결정을 합니다. 5유형 자녀는 조용하고 말이 없는 편이며, 정신적 가치를 중요시하기 때문에 정보를 수집하고 정보 간의 관계에서 의미를 추구합니다. 이런 통찰력으로 옥석을 잘 가려내기 때문에 현명하고 지혜로운 선택을 할 수 있다는 강점이 있습니다.

5유형 자녀는 지적 호기심이 강해 늘 공부하고 탐구하는 자세를 가지기 때문에 아는 것이 많습니다. 일반적인 욕구를 최소한으로 자제하는 이들은 물질적인 것뿐만 아니라 시간이나 자신이 보유한 정보, 심지어 감정까지도 자제합니다. 그래서 이성적이고 냉철하다는 평가를 듣습니다.

이들은 자신이 좋아하고 관심 있는 분야에 집중하기 때문에 어느 한 분야의 전문가로서 탁월한 능력을 보여줍니다. 또한 우주 전체의 이치를 이해하기 위해 풍부한 상상력과 남다른 아이디어를 보여줍니다. 그래서 5유형 중에는 인류에게 큰 영향을 끼친 위대한 발명가나 전문가가 많습니다. 5유형의 경우 이성적이고 통찰력이 강한 전문가나 지적 능력이 뛰어난 연구자, 학자가 어울립니다.

Q & A

Q. 궁금한 것이 있으면 알 때까지 집요하게 탐구하거나 머리로 이해가 되지 않으면 참지 못합니다. 지식이나 정보는 동생이나 친구에게도 절대 나눠주지 않고 학습도 혼자서만 하려고 해요. 어떻게 할까요?

A. 5유형 자녀는 지식이 곧 힘이라고 생각하기 때문에 늘 공부하고 탐구합니다. 지적인 호기심을 충족하는 데 시간과 에너지를 많이 사용하지요. 이들은 자신이 아는 지식이나 정보를 소중한 자산으로 생각하기 때문에 물질뿐만 아니라 시간, 정보, 에너지 등 자신이 가진 것을 나눠주는 데 서투릅니다. 지식을 나누는 데 인색하니 냉정해 보이지요.

5유형 자녀는 정보와 지식이 많아야 안전하다고 생각하기 때문에 자신이 보유한 지식을 되도록 적게 주려고 하는 것입니다. 그래서 여럿이 활동하는 것보다 혼자 공부하는 쪽을 좋아합니다. 많은 사람들과 함께하면 자신의 에너지를 소진한다고 생각하니까요.

이들은 앞뒤 인과관계가 이해되지 않으면 묻고 또 묻는데,

이럴 때 엄마는 짜증을 내지 말고 친절하게 대답해줘야 됩니다. 엄마의 입장에서는 자녀가 독서를 많이 하고 자기 할 일을 알아서 하는 것은 좋지만 늘 혼자 있으려고 하는 게 마음에 걸릴 것입니다. 이런 자녀에게는 관심 분야의 그룹 활동에 참여할 기회를 만들어주는 것이 좋습니다. 인원수가 적은 소그룹으로 몇몇 친구들과 좋아하는 활동, 학습 모임을 하게 해주는 것이지요.

또한 자녀의 독립적 성향을 타박하거나 윽박지르지 말고 인내심을 가지고 자녀와 대화를 나눠보십시오. 5유형 자녀는 특히 어떤 일이든 논리적으로, 이성적으로 이해가 돼야 수긍하므로 엄마가 차분히 대화를 이끌어가야 합니다.

Q. 감정 표현을 안 해서 아이 속을 모르겠어요. 혼자 있는 걸 너무 좋아해서 사회성이 떨어질까 걱정이에요. 어떻게 해야 하나요?

A. 5유형 자녀는 늘 혼자 있고 자신의 감정을 잘 드러내지 않습니다. 분노나 부정적인 생각을 쉽게 드러내지 않고 속으로 삭이며 담아두곤 하는데, 이것은 자신의 생각과 정서를 분리해 논리적으로 사고하기 때문입니다. 자신의 감정까지 객관적으로 분석하고 이성적으로 생각하기 때문에 화를 내는 데 인색한 것이지요.

그래서 감정뿐만 아니라 자신의 모든 것을 드러내지 않으려 하는데, 이때 엄마가 "빨리 말해", "왜 그러니?" 하고 따지듯 말하면 자녀는 더욱더 안으로 움츠러듭니다. 그렇기 때문에 엄마는 자녀의 성향을 이해하고 혼자만의 시간과 공간을 인정해줘야 합니다. 특히 대화를 할 때는 자녀가 감정을 잘 표현하지 않기 때문에 천천히 머리로 이해가 되도록 해야 합니다. 즉, 자녀의 의견이나 생각을 인정하고 지지해줘야 합니다.

또한 자녀가 자기만의 세계에 갇히지 않도록 인내심을 가지고 기다려주고 지원해줘야 합니다. 즉, "너는 가치 있는 존재야", "네 생각은 아주 가치가 있어" 하는 식으로 지지해주십시오. 그리고 공동체 안에서의 역할에 대해서도 이야기를 해주는 것이 좋습니다. 강압적인 말투가 아니라 이해받고 있다고 느끼게 만드는 말투로 대화를 나눠보십시오.

아울러 자녀의 사회성을 기르기 위한 소그룹 활동도 많이 기획해보기를 권합니다. 미술, 별자리관찰 등 자녀가 좋아하는 분야를 선택하면 좋을 것입니다. 또 요즘은 소수 인원으로 진행하는 역사탐방, 박물관탐방 활동이 많으니 친하게 지내는 친구들과 소그룹으로 그런 활동을 할 기회를 만들어주십시오.

6유형 자녀
성실하고 책임감이 강한 노력형

충실하고 책임감이 강한 노력형

6유형 자녀는 위험하고 불확실한 일이 많은 세상에서 자신을 안전하게 지켜줄 것을 찾으려 합니다. 이들은 불안정한 미래에 대비해 항상 적절한 대비책을 준비하며, 미래가 예측 가능하기를 바라고 질서를 원합니다. 그런데 안전을 지나치게 걱정하고 대비하기 위해 늘 전전긍긍하는 모습은 어떤 결정을 내릴 때 우유부단해 보이는 측면이 있습니다. 또 자신을 믿지 못하기 때문에 항상 질문하고 또 질문합니다. 그래서 이들은 자신을 보호해줄 어떤 조직이나 권위 있는 사람에게 의존합니다.

반면 미래에 대한 대비책으로 다양한 문제를 미리 발견하고 그에 알맞은 대비책을 준비하는 탁월한 능력을 보여줍니다. 이들은 안전에 대한 과도한 집착으로 새로운 것에 대한 도전과

모험을 주저합니다. 수줍음이 많고 내성적이기도 하지만, 어떤 어려운 상황에서는 적극적으로 용기 있게 행동하기도 합니다.

6유형 자녀의 강점

매사에 신중하고 정직한 6유형 자녀는 안정감을 가지기 위해 바르게 생활하는 모범적인 유형입니다. 이들은 삶에 닥치는 각종 위험에 대비해 늘 긴장하며 미리 준비하고 대비하는 준비성이 철저합니다. 이런 자세로 위험에 적절히 대응하거나 대책을 세울 수 있어 손해를 미연에 방지하는 강점이 있습니다.

무슨 일이든 꼼꼼히 따져보고 계획을 세워 준비하기 때문에 자기 자신을 확실히 관리합니다. 또 무리하게 욕심을 내지 않기 때문에 리더로서 조직을 지혜롭게 착실히 이끌어갑니다. 자신이 맡은 일은 성실하게 책임지고 마무리하기 때문에 많은 사람들의 신뢰를 받습니다.

6유형 자녀는 무슨 일이든 꾀를 부리지 않고 과장하지도 않으며 꾸준하고 성실하게 노력합니다. 늘 최악의 상황을 고려하기 때문에 꼼꼼함이 발휘되는 방위산업계, 의학계나 보안 영역에서 두각을 나타냅니다.

$\cdots\cdots\cdots\cdots$ Q&A $\cdots\cdots\cdots\cdots$

Q. 새로운 학습이나 과제가 있으면 지나치게 쩔쩔매거나

걱정을 많이 해요. 또한 공부를 하면서 묻고 또 물어서 질릴 정도입니다. 어떻게 할까요?

A. 자신이 해보지 않은 것에 대한 걱정은 미래에 대한 불안에서 옵니다. 6유형 자녀는 미래에 대해 확실하고 안전한 것을 바라기 때문에 자신이 경험하지 않은 것에 불안감을 느낍니다. 또 자신이 맡은 일이나 주어진 학습을 성실하고 충실하게 완수하려고 애쓰기도 하지요. 엄마는 이런 점을 질책하기보다는 자녀가 안정감을 느낄 수 있도록 차분하게 대화를 나눠야 합니다. 또 자녀가 새로운 것에 대한 두려움과 걱정을 떨칠 수 있도록 꾸준히 연습하도록 돕고, 다양한 경험을 할 기회를 찾아줘야 합니다.

이때 자녀가 계속 묻고 또 물으면 엄마는 10번이든 20번이든 인내심을 가지고 대답해줘야 합니다. 자녀가 자꾸 묻는 것은 예측할 수 없는 결과에 대한 불안감의 표현이니까요. 만약 엄마가 이런 상황에서 답답함을 이기지 못하고 윽박지르거나 "왜 자꾸 물어?" 하고 말한다면 거부당했다는 생각에 자녀가 정서적으로 더 불안감을 느낄 수 있습니다.

6유형 자녀에게는 확실한 결과를 예측할 수 있도록 "공부해" 하고 뭉뚱그려서 말하지 말고 구체적으로 "여기서부터 여기까지 하고, 이것은 5시까지 마무리해" 하고 자세히 제시해야 합니다. 또 결과물이 나오면 칭찬을 해서 자녀의 자신감과 자존감을 키울 수 있게 하십시오. 엄마는 자녀가 스스로 계획을 세우거나 실천할 수 있도록 옆에서 믿어주고 지지해줘야 합니다. 이때 "너는 왜 그렇게 걱정을 하니?" 하고 말하기보다는 자녀의 불안한 정서에 공감을 해주십시오.

Q. 늘 의심하고 불안해하며 전전긍긍하는 모습입니다. 얌전하게 고분고분 말을 잘 듣다가도 어떨 땐 버럭 화를 내거나 반항하기도 해요. 어떻게 해야 할까요?

A. 6유형 자녀는 언제나 최악의 상황을 예상하기 때문에 모든 것을 걱정하고 의심할 수밖에 없습니다. 엄마는 자녀의 불안한 정서를 나무라지 말고 적극 공감해줘야 합니다. 누구나 불안과 걱정이 있지만, 6유형 자녀는 특히 아직 경험하지 않은 미래에 대해 불안해합니다. 이럴 때 엄마는 정서적 공감과 함께 자녀가 안정감을 갖도록 편안한 환경을 만들어줘야 합니다. 또한 무엇보다도 이들에게는 다양한 경험이 필요합니다. 자신이 안심할 수 있도록 반복적으로 연습해야 하는 것이지요.

이때 자녀는 "이렇게 해요?", "다음은 어떻게 해요?" 하고 번번이 질문을 할 것입니다. 엄마는 답답하고 짜증이 나더라도 인내심을 가지고 상냥하게 대답해야 합니다. 아주 작은 것이라도 성취 경험을 통해 자녀는 자신감을 키우게 됩니다. 그래서 엄마는 자녀가 이룬 결과물에 대해 칭찬을 아끼지 말아야 합니다.

6유형 자녀는 정서적으로 불안감이 있어서 자신을 안전하게 지켜줄 대상이나 권위자에게 조용히 순응하지만, 때로는 너무 불안해서 공격적으로 표현하기도 합니다. 그래서 많은 엄마들이 6유형 자녀를 변덕스럽다고 생각합니다. 하지만 이 두 가지 표현 방법의 밑바탕에는 불안이 깔려 있으므로 충분한 대화를 통해 자녀의 정서에 공감해주십시오. 그리고 어떤 일이 혹시 잘못돼도 괜찮다고 얘기해줘야 합니다.

엄마는 어떤 상황에서도 자녀의 불안한 정서를 먼저 보듬어야 합니다. 그리고 엄마가 항상 옆에서 도와줄 것이며, 언제나 자녀를 믿는다는 신뢰감을 줘야 합니다. 엄마의 전폭적 지지는 자녀의 자신감을 키워줍니다.

7유형 자녀
유쾌하고 다재다능한 모험가형

재능 많고 재미를 찾는 모험가형

7유형 자녀는 호기심이 많아 궁금한 것을 못 참고 늘 재미있는 것을 추구합니다. 알고 싶은 것도 많고, 이것저것 새로운 것에 도전하기를 좋아합니다. 하지만 지루하고 재미없는 것은 못 참아 금방 싫증을 내기도 합니다. 시작은 잘하지만 끈기가 없어 마무리를 제대로 못하는 용두사미 성격이지요.

밝고 명랑하며 이야기를 재미있게 잘하고 유머 감각도 풍부해서 늘 주변에 친구가 많습니다. 세상의 모든 것이 재미있게 되기를 희망하는 유토피아적 성향이 강해 종종 엉뚱한 말로 주변을 당황시키기도 합니다. 이들에게는 삶 자체가 즐거움이기 때문에 여러 가지 신경 쓰이는 일이나 어려움 등을 피하려고 합니다. 늘 즐겁고 재미있는 일을 추구함으로써 내면에서 올라오는 두려움에서 벗어나려 하는 것입니다.

이들의 머릿속은 늘 다양하고 재미있는 일에 대한 풍부한 아이디어로 가득하며, 표정도 늘 밝고 긍정적입니다. 이런 긍정적이고 낙천적인 성향 때문에 어려운 문제를 가볍게 여기기도 합니다.

7유형 자녀는 노는 것을 좋아해 친구들과 재미있게 시간을 보내고, 모험적인 성향이 강해 도전하고 싶은 일이 많습니다. 반면 끈기가 부족해 한자리에 진득이 있지 못하고 늘 재미를 찾아 계속 움직이기 때문에 산만하고 집중력이 약합니다. 자신이 원하는 것은 어떻게든 가지려 하고, 좋아하는 것에 대한 몰입도가 강해 중독에 빠지기도 합니다.

7유형 자녀의 강점

자유로운 사고를 하는 7유형 자녀는 어떤 틀에도 얽매이지 않는 풍부한 상상력으로 아이디어를 냅니다. 이들은 누구도 생각하지 못하는 기발하고 독특한 아이디어로 창의적이고 독창적인 것을 창조해내는 능력이 있습니다. 그래서 세상을 풍요롭게 한 많은 발명품이 7유형의 머리에서 나왔습니다.

이들은 한 가지 방식에 한정되지 않는 유연하고 다양한 사고방식으로 빠른 적응력을 보여줍니다. 머리가 비상해 무엇이든 빨리 배우고, 새로운 상황이 닥쳐도 임기응변에 능해 순발력 있고 재치 있게 대처합니다. 또한 늘 새롭고 흥미로운 것을 추구하기 때문에 다재다능한 면을 보입니다.

7유형 자녀는 어떤 어려운 상황에서도 적극적으로 도전하는 긍정적인 유형입니다. 좌절을 겪어도 부정적으로 생각하지 않고 긍정적인 사고로의 전환이 빨라 금방 웃음을 짓습니다. 그래서 이들은 언제나 주변을 밝게 만들고 즐거움을 주는 활력소입니다.

7유형 자녀에게는 기발하고 톡톡 튀는 아이디어로 세상에 유익하고 영향력 있는 것을 만드는 아이디어 전문가를 기대할 수 있습니다.

Q & A

Q. 진득이 학습을 하지 못하고 여기저기 돌아다녀요. 또 참을성이 부족해서 힘들고 어려운 과제는 안 하려고 하는데, 어떻게 하면 좋을까요?

A. 즐겁고 재미있게 생활하기를 원하는 7유형 자녀는 한자리에 오래 앉아서 학습하는 것을 힘들어 합니다. 그래서 많은 엄마들이 자녀의 산만함 때문에 고민하지요. 하지만 엄마는 이런 자녀의 성향을 이해하고, 윽박지르거나 혼내기보다는 자녀가 흥미롭게 학습할 수 있도록 환경을 바꿔주는 것이 좋습니다.

또 집중 시간이 짧기 때문에 한 과제를 오랫동안 하지 말고 시간을 짧게 배분해 여러 과목을 조금씩 학습하는 것이 더 효과적입니다. 많은 엄마들은 한 과목을 제대로 하고 나서 다른 과목을 학습하라고 하지만, 그러면 그럴수록 이들은 흥미를 잃을 뿐 아니라 집중하려 하지 않기 때문에 오히려 역효과를 낳습니다.

또한 지루해하지 않도록 학습 환경을 다양하게 바꿔보는 것도 좋은 방법입니다. 예를 들어 책을 읽을 때도 베란다에 책상을 놓고 읽게 하거나, 피아노 밑 또는 책상 밑에서 읽게 하는 등 변화를 줘야 합니다. 이들은 창의적이고 기발한 아이디어를 많이 떠올리기 때문에 학습 도중에도 생각이 나면 학습을 중단할 수 있습니다. 이럴 때 특히 정확한 것을 좋아하는 엄마들은 자녀의 자유로움을 이해하지 못해 자주 혼내고 야단을 칩니다. 하지만 인내심을 가지고 자녀의 자유로운 성향을 이해해주십시오.

또한 7유형 자녀는 자신이 좋아하는 것에는 몰입도가 높으니 자녀가 무엇을 좋아하는지 잘 관찰해보십시오. 그래서 자녀가 좋아하는 것을 꾸준히 할 수 있도록 편안하고 즐거운 분위기, 늘 새로운 환경을 조성해주는 것이 좋습니다. 7유형의 기발하고 창의적인 아이디어가 세상을 이롭고 흥미롭게 해왔다는 것을 기억하십시오.

Q. 곤란한 상황이 닥치거나 계획한 일이 제대로 안 되면 짜증을 내요. 싫증을 잘 내고 허풍도 심합니다. 장난이 심

해서 엄마인 저까지 놀리는데, 어떻게 해야 할까요?

A. 모든 것을 긍정적이고 낙관적으로 보기 때문에 늘 즐겁고 자신감이 넘치는 자녀입니다. 자신의 부정적인 감정을 잘 드러내지 않고 오히려 까불지요. 즉, 자신의 내면이 불안해서 두렵기 때문에 오히려 산만하고 과한 행동으로 표현하는 것입니다. 엄마는 이런 자녀의 성향을 파악해서 혼을 내기보다는 자녀의 감정을 먼저 살펴야 합니다.

어렵고 힘든 일은 물론 부정적인 감정도 회피하기 때문에 엄마는 자녀가 부정적 감정과 직면하게 해야 합니다. 즉, 즐거운 감정도 힘든 감정도 모두 자신의 것이라는 것을 인지시켜야 합니다. 윽박지르지 말고 인내심을 가지고 자녀와 대화를 나누십시오. 자녀가 기발하고 엉뚱한 말을 해도 받아주고 이해하며 대화를 나눠야 합니다.

자녀의 지나친 행동이나 책임감 회피, 놀리는 행동은 모두 내면의 불안한 정서를 제대로 표현하지 못해 그렇게 부적절한 방식으로 표현하는 것입니다. 엄마는 자녀의 반응에 너무 예민해지지 말고 인내심을 가지고 자녀를 지켜봐야 합니다.

7유형 자녀는 또 지루하거나 힘든 것을 참지 못하고 싫증을 잘 냅니다. 늘 재미있고 즐겁게 살기를 원하기 때문에 어떤 일에 대해 다소 부풀려서 긍정적으로 이야기하는 경향이 있습니다. 재미를 위해 심한 장난을 치고 친구나 엄마를 놀리기도 합니다. 이럴 때는 무조건 혼내지 말고 왜 그렇게 놀렸는지 대화를 해봅시다. 그리고 그런 놀림을 받은 사람이 어떤 기분을 느끼는지도 차분하고 친절한 말투로 이야기를 나누십시오.

이제부터는 인내심을 가지고 자녀의 마음을 이해하려고 노력합시다. 무조건 혼낸다고 해결되는 것은 결코 아니니까요.

부록1

에니어그램
도형

에니어그램 도형

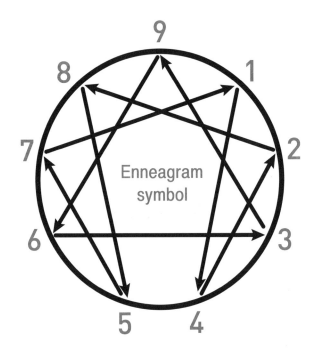

에니어그램 9가지 성격유형의 이름

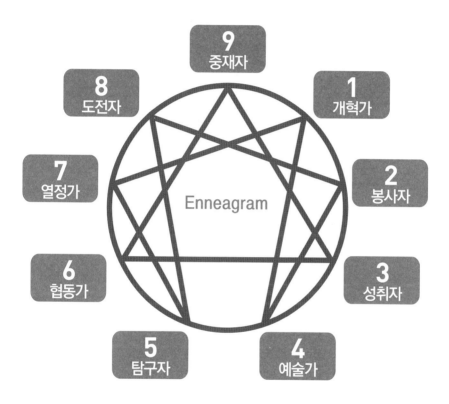

에니어그램 9가지 성격유형의 특성-자아 이미지

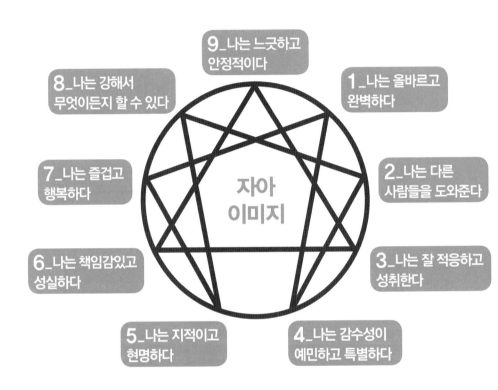

9_나는 느긋하고 안정적이다

8_나는 강해서 무엇이든지 할 수 있다

1_나는 올바르고 완벽하다

7_나는 즐겁고 행복하다

2_나는 다른 사람들을 도와준다

자아 이미지

6_나는 책임감있고 성실하다

3_나는 잘 적응하고 성취한다

5_나는 지적이고 현명하다

4_나는 감수성이 예민하고 특별하다

에니어그램 9가지 성격유형의 특성 - 집착

에니어그램 9가지 성격유형의 특성 – 성격 특징

9_잘 나서지 않는 성격

8_독립적이고 지배하는 성격

1_원칙적이고 완벽을 추구하는 성격

7_바쁘고 유쾌한 성격

2_관계 지향적인 성격

성격 특징

6_성실하고 모범적인 성격

3_성공 지향적인 성격

5_지적인 성격

4_내면에 몰입하는 성격

에니어그램 *9*가지 성격유형의 특성 – 상징 동물

부록2

엄마들을 위한
에니어그램
심화 단계

힘의 중심에 따른
세 가지 유형

엄마들이 알아야 할 힘의 중심

우선 에니어그램을 배우는 엄마들은 인간이 주로 어느 부분의 에너지를 무의식적으로 쓰느냐에 따라 세 가지 힘의 중심으로 나뉜다는 것을 알 수 있다.

본능 중심(장형)은 동물적인 장의 에너지로, 감정 중심(가슴형)은 정서적인 가슴의 에너지로, 사고 중심(머리형)은 논리적이고 이성적인 머리의 에너지로 세상을 바라본다. 즉, 인간이 맞닥뜨린 상황에서 무의식적으로 취하는 근원적 에너지로 사람들이 똑같은 상황에서도 제각각 다른 반응으로 작용한다는 것이다. 이는 인간이 삶에 적응하고 살기 위해 우선적으로 에너지를 취하는 곳이 다르기 때문이다.

힘의 중심의 뜻

인간의 성격 유형은 세 가지 에너지 센터를 가지고 있다. 즉, 성격 유형은 크게 본능 중심(행동·힘·의지), 감정 중심(느낌·정서), 사고 중심(생각·이성)으로 나눌 수 있다. 인간의 생명력과 에너지의 근원으로 분류되는데, 이것은 인간 신체의 세 가지 중심과 연관돼 있다. 본능(장) 중심, 감정(가슴) 중심, 사고(머리) 중심은 본질적으로 서로 연결되어 균형과 조화를 이룬다. 하지만 우리가 본질에서 분리되면서 성격에 따라 굴절돼 힘의 균형이 깨지면서 어느 한쪽으로 치우치게 된다. 즉, 왜곡되고 불균형을 이뤄 우리 삶의 태도에서 나타난다.

본능 중심(8유형·9유형·1유형), 감정 중심(2유형·3유형·4유형), 사고 중심(5유형·6유형·7유형)은 행동, 감정, 욕구 등과 관련돼 있다. 각 유형은 서로 다른 방식으로 세상을 인식하고 바라본다. 즉, 세 가지 에너지 중심은 삶에서 자신도 모르게 자동적으로 반응하는 몸의 에너지 센터로서 성격의 중심 뿌리가 된다. 자신도 모르게 한 군데에서 나오는 에너지를 주로 쓰기 때문에 한쪽으로 치우치게 된다. 한 에너지만 지나치게 쓰고 나머지 두 에너지를 위축시킴으로써 왜곡되고 부적절한 행동으로 나타나게 되는 것이다.

세 가지 중심에는 내재된 감정이 있다. 본능 중심은 분노, 감정 중심은 수치심, 사고 중심은 두려움이다. 에니어그램은 이 세 가지 힘이 균형과 조화를 이뤄 각 중심의 주요 주제를 지혜롭고 현명하게 극복함으로써 사람이 인격적으로 성장하면서 건강하게 살 수 있다고 강조한다.

본능(장) 중심의 사람들 – 8유형·9유형·1유형

본능(장) 중심의 사람들은 배(내장)에서 나오는 에너지, 즉 동물적인 장 에너지로 세상을 바라보고 살아간다. 장은 본능적이고 직감적인 반응을 통해 정보를 처리하는 곳이다. 본능과 힘(의지), 생존에 관심이 많고 현실적이다. 본능 중심 유형은 또한 논리적으로 생각하기보다는 먼저 몸으로 즉각적인 반응을 보이고 직접적으로 부딪쳐서 문제를 해결하는 행동파다. 이는 자기망각, 분노, 고집, 에너지를 억압하거나 표출하는 것에 관여한다.

본능 중심 유형은 자신의 힘과 의지로 주변 상황을 통제하려는 지배 욕구가 있다. 그래서 이들은 자신의 욕구가 충족되지

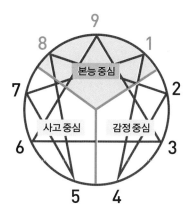

않거나 부당하게 방해를 받으면 강한 분노의 감정을 느낀다. 즉, 본능적인 느낌과 몸의 반응으로 사람들에게 즉각적으로 대항한다.

본능 중심의 사람들은 그들의 내부 에너지를 외부 환경을 통제하기 위해(8유형), 자신의 내면을 통제하기 위해(1유형), 또는 내부와 외부로부터 어떠한 영향을 받지 않기 위해(9유형) 저항하는 데 많이 쓴다. 이들은 강한 에너지와 동물적 감각으로 자신의 영역을 매우 중요시한다. 자신만의 가치관에 따라 의사결정을 할 때도 인간관계보다는 일 중심으로 한다. 즉, 다른 사람들의 감정보다는 자신의 기준과 신념에 따라 주관적으로 결정을 내린다. 인간관계에서도 다른 사람을 지배하고 싶어 하기 때문에 리더로서 세상에 큰 영향을 끼치기도 한다.

감정(가슴) 중심의 사람들 — 2유형 · 3유형 · 4유형

감정(가슴) 중심의 사람들은 심장을 통해 나오는 에너지, 즉 감성적인 가슴의 에너지로 세상을 바라보고 사물을 인식하고 받아들인다. 즉, 감정을 통해 정보를 처리한다. 이는 자신과 타인의 관계나 이미지, 자기기만, 감정의 표현이나 억압에 관여한다. 감정 중심의 사람들은 인간관계, 감정, 자신의 이미지를 유지하는 데 관심이 많아 다른 사람들에게 따뜻한 미소를 짓고 포근한 이미지로 관계를 맺는다.

감정 중심 유형은 다른 사람들에게 자신이 어떻게 보이는지

와 이미지에 관심이 많고, 그들의 반응에 늘 신경을 쓴다. 또한 타인에게 인정받고 사랑받으려는 애욕을 가지고 있다. 그래서 자신의 욕구가 거부되거나 무시될 때 자신이 무가치하다고 생각하며 수치심을 느끼고 불안해한다. 즉, 가슴형은 다른 사람들과의 관계를 통해 자신의 가치와 존재를 확인받으려 한다.

그들은 친절을 베풀고 타인을 돌보고 도와주는 이미지로 타인의 사랑과 감사를 얻으려 한다.(2유형) 그리고 모든 일에 성공과 성취를 이룸으로써 능력 있는 사람의 이미지로 인정과 관심을 받으려 한다.(3유형) 또한 남과 다른 나만의 독특하고 특별한 이미지로 다른 사람들의 사랑과 인정을 받으려 한다.(4유형) 그렇기 때문에 다른 사람들과 교류하는 것을 좋아하고 좋은 사람 이미지로 보이기 위해 친절하고 상냥한 태도로 인간관계를 맺는다.

한편, 다른 사람들에게 사랑과 인정을 받고 싶은 욕구가 좌절되면 이들은 상대방에 대해 적대감을 가지기도 한다. 수치심과 분노, 슬픔, 불안 등은 가슴형 사람들의 애욕이 좌절됐을 때 나타나는 정서적 반응이다.

사고(머리) 중심의 사람들 ― 5유형 · 6유형 · 7유형

사고(머리) 중심의 사람들은 머리의 에너지, 즉 논리적이고 이성적인 사고의 에너지로 세상을 바라보고 해석하며 살아간다. 이곳은 우리가 사고를 통해 정보를 처리하는 곳으로 계획이나 생각, 문제해결, 정보수집, 기억, 상상 등에 관여한다. 사고 중심의 사람들이 불확실한 미래에 대해 안내를 받고 지원받기를 바라는 것은 내면의 두려움을 떨치기 위해서다. 또한 이들은 사고 기능으로 비교 분석하고 논리적으로 분류해 정보와 지식을 습득한다. 그럼으로써 미래를 대비해서 자신에게 힘이 돼줄 정보를 수집하고 계획과 대책을 세우는 것이다.

사고 중심의 사람들은 분석적·이성적으로 판단하므로 다른 사람들에게 차갑고 냉정하다는 인상을 주기도 한다. 이들은 모든 세상 만물의 이치를 머리로 이해하고 깨달아 그 의미를 찾으려는 명예 욕구가 강하다. 그래서 모든 현상에 대해 이해를 하지 못하거나 만물에 대해 의미를 잃을 때는 두렵고 불안한 감정을 느낀다. 이들은 세상을 살아갈 자원이 없고 능력도 없다고 생각하기 때문에 위험한 세상으로 인식되는 것에서부터 자기를 보호, 방어하기 위해 사고의 에너지를 이용한다.

　그렇기 때문에 믿을 수 없는 불확실한 외부 세계에 대한 두려움을 이기기 위해 세상 밖의 온갖 지식과 정보를 자신의 내면에 쌓아두려고 한다.(5유형) 그리고 불확실한 외부뿐만 아니라 신뢰하지 못하는 내부의 두려움에서 벗어나기 위해 의존할 만한 외부 권위자를 찾기도 한다.(6유형) 또한 내면의 정서적 고통을 회피하고 두려움에서 벗어나기 위해 끊임없이 외부에서 즐거움과 재미를 찾는다.(7유형) 매사를 이성적이고 논리적인 사고로 판단하는 이들은 자신만의 공간에서 자신의 생각을 정리하려 한다.

행동방식에 따른
세 가지 유형

엄마들이 공부하는 행동방식

에니어그램의 다양한 활용방법 중 인간이 삶에서 세상과의 관계를 무의식적으로 어떻게 맺느냐에 따라 3가지 방식으로 구분할 수 있다. 즉, 인간이 소통하거나 의사결정을 할 때 내면의 스트레스를 해결하는 전략으로 세상에 대해 외적으로 반응, 표현하는 태도에 따라 3가지로 구분된다. 먼저 자신의 의지를 적극적으로 표현하는 공격형이 있다. 또한 자신의 의지는 있으나 표현도 안 하고 다른 사람들의 뜻을 따르지 않는 움츠림형, 자신의 의지보다 주어진 상황과 환경에 순응하는 순응형이 있다.

이 3가지 행동방식은 서로 연결돼 있으며, 에너지가 순환하듯 상황에 따라 인간의 마음도 순환한다. 3가지 행동방식의 의미를 파악하면 인간이 어떻게 하면 성장할 수 있는지를 알 수 있다. 특히 자신의 변화를 위해 내부의 감정 흐름을 파악하는 데 도움을 받을 수 있다. 아울러 자녀 양육에서 자녀의 성격 특성을 이해하고 어떻게 지도해야 할지 그 해법을 보여준다.

행동방식의 의미

행동방식은 세상을 살면서 외부로 드러나는 인간의 다양한 표현이다. 즉, 나와 세상의 관계를 어떻게 맺느냐에 따라 적극적으로 표현하는 스타일, 자신의 내면으로 움츠러드는 스타일, 상황과 환경에 의존하는 스타일로 나눌 수 있다. 이것은 인간이 주어진 환경이나 상황, 그리고 인간관계와 의사결정 등 다양한 갈등 상황에서 반응할 때 자신을 어떻게 표현하고 어떤 방식으로 드러내는가에 따라 나뉜다.

자신의 기본 성격 유형이 있지만 9가지 성격 유형을 골고루 쓰듯이 사람들은 공격적인 에너지, 움츠러드는 에너지, 순응하는 에너지를 모두 가지고 있으며, 이는 서로 연결돼 있고 순환된다. 무엇보다 중요한 것은 긍정적이고 발전적인 성장 방향으로 끊임없이 노력해야 한다는 것이다.

공격형의 특징 - 상황을 주도적으로 만드는 8유형 · 3유형 · 7유형

공격은 자신의 생각이나 느낌을 주도적·적극적으로 표현하는 것을 뜻한다. 이들은 상대방의 입장을 살피기보다는 자신의

가치를 지키고 자신의 뜻을 자
신 있게 주장한다. 그리고 자신
의 의지가 관철되도록 다른 사
람들에게 당당하고 대항적인 행
동을 할 때 가장 편안함을 느낀
다. 하지만 이들은 상대방의 욕

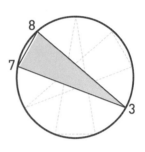

구와 감정적 문제를 고려하지 않고 직설적으로 표현하기 때문
에 일방적인 지시나 경솔한 행동으로 많은 사람에게 정서적으
로 상처를 줄 수 있다.

　또한 욕구가 좌절됐을 때는 삶의 의욕과 생기를 잃고 정서적
으로 절망과 우울증, 고립감, 단절감에 빠지게 된다. 그렇기 때
문에 공격형은 자신의 욕구와 현재 자신이 처한 상황을 직면하
고 상대방의 입장을 배려하고 이해함으로써 화합과 조화를 이
루는 것이 성장 방향이다.

움츠림형의 특징 - 상황을 심사숙고하는 5유형 · 9유형 · 4유형

　움츠림이란 자신의 느낌이나 생각을 펴지 못하고 쪼그라들
듯이 잔뜩 움츠리는 것을 뜻한다. 움츠림형은 자신의 욕구가
무엇인지 파악하면서도 당당히 표현하지 못하고, 뒤로 물러나
타인에게서 멀리 떨어져 자기만의 공간으로 들어간다. 이들은
자신의 가치관으로 움츠러들 때 가장 편안해한다. 하지만 고립
된 공간에서 세상과 떨어져 무심하고 방관적인 태도를 보이기

때문에 소극적인 자세를 취하고 멀리 떨어져 관찰한다. 한 발 뒤로 물러나 적극적으로 해결하지 않기 때문에 자칫 문제를 확대시킬 가능성이 있다.

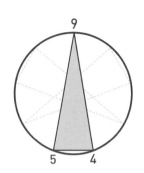

또한 생각과 감정이 억압당하거나 좌절됐을 때 삶의 의욕을 잃고 자기를 비하하거나 비겁하고 비굴한 행동을 하며 과대망상에 빠지기도 한다. 그래서 움츠림형은 현재 자신이 처한 상황을 바로 직면하고 자신감을 회복해 적극적으로 표현하고 행동하는 것이 성장 방향이다.

순응형의 특징 - 상황에 순응하는 2유형 · 6유형 · 1유형

순응은 모든 상황에서 에너지가 다른 사람들에게 향하거나 환경에 순응 또는 의존하는 것을 뜻한다. 그래서 이들은 순응할 대상과 상황이 권위가 있고 안전해야 편안해한다. 이 세 유형은 타인에게 봉사하려는 욕구를 갖고 있으며, 무엇이 옳은 일인지를 찾기 위해 자신의 내면화된 원칙과 규칙, 지시에 복종하려고 노력한다. 즉, 자신의 슈퍼에고의 요구에 충실하다. 이들은 주변 상황이나 분위기 등을 끊임없이 살피거나 눈치를 보는 등 무의식적인 태도로

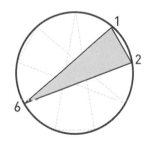

생활한다. 즉, 자신의 욕구보다는 타인의 주장에 따르며, 원칙과 규칙에 자신을 맞추고, 의무감으로 조직체에 순응하며 협조하는 유형이다.

하지만 이들은 자신의 의사가 계속 무시당하고 존중감이 박탈되면 삶의 의욕을 잃고 불필요한 추측과 의심, 불안과 공포에 시달리며 피해망상적인 모습을 보인다. 그렇기 때문에 순응형은 자신의 생각이나 느낌을 심사숙고해 내면의 힘을 되살리고 독립적인 삶을 사는 것이 성장 방향이다.

*9*가지 성격 유형의
날개 응용

성격 유형의 날개에 대해 공부할 때

엄마들이 아는 성격의 구조에는 다양한 역동성이 있다. 즉, 각 성격 유형의 차이를 다차원적으로 설명할 수 있도록 유형 간에 다양한 상호작용이 일어난다. 에니어그램의 날개는 자기 유형의 양옆에 있는 것들로 인간이 살면서 상황에 따라 적절히 취하게 되는 유형이다. 사람들이 두 개의 유형 중 어느 한쪽에 치중하느냐에 따라 같은 성격 유형이라도 매우 다른 모습으로 나타나는 것을 알 수 있다.

이것은 인간의 성격을 좀 더 세분하고 세세하게 설명할 수 있게 한다. 다음에서 에니어그램의 날개에 대해 알아보기로 한다.

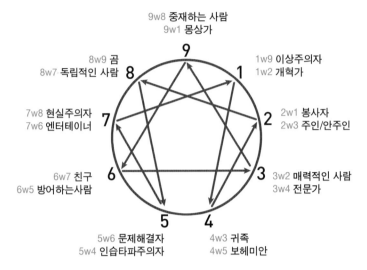

9w8 중재하는 사람
9w1 몽상가

8w9 곰
8w7 독립적인 사람

1w9 이상주의자
1w2 개혁가

7w8 현실주의자
7w6 엔터테이너

2w1 봉사자
2w3 주인/안주인

6w7 친구
6w5 방어하는사람

3w2 매력적인 사람
3w4 전문가

5w6 문제해결자
5w4 인습타파주의자

4w3 귀족
4w5 보헤미안

출처 : 《에니어그램의 지혜》

에니어그램의 날개

날개란 에니어그램의 9가지 성격 유형 중 자신의 기본 유형 양쪽 옆에 있는 두 가지 유형을 말한다. 이를테면 2번 유형이 자신의 기본 유형이라면 왼쪽에 있는 1번 유형과 오른쪽에 있는 3번 유형이 2번 유형의 날개다. 자신의 기본 유형은 날개 유형의 특징에 의식적·무의식적으로 영향을 받는다.

사람들은 살면서 주변 환경에 유연하게 적응하고 대처하기 위해 필요에 따라 양옆에 내재돼 있는 날개의 에너지를 사용하며, 이로 인해 사고와 정서, 행동에 영향을 끼치게 된다. 즉, 같은 유형이라도 어느 쪽 날개를 비중 있게 취하느냐에 따라 달라진다. 그래서 자신의 기본 유형을 중심에 두고 상황에 따라 적절히 보충, 보완함으로써 삶이 좀 더 융통성 있고, 효율적이며, 풍요로워질 수 있는 것이다.

사람들은 대체로 사회생활을 시작할 때 두 날개 중 한쪽 날개의 영향을 강하게 받는다. 그러다가 중년 이후에는 인간의 성장 욕구를 충족시키려고 나머지 다른 쪽의 날개를 펼쳐 균형과 조화를 이루려 노력한다.

8유형의 날개

:

1) 7유형 날개를 펼친 8유형 – 독립적인 사람

풍부한 상상력과 호기심을 가지고 모험을 즐기는 외향적인 사람이다. 자기주장이 강하고 추진력이 있으며 충동적으로 행동하고, 때로는 물질에 중독되기 쉽다. 이들은 강력한 에너지와 적극적인 도전정신으로 세상에 당당히 나아가 자신의 욕구를 실현해내는 가장 독립적인 사람이다.

2) 9유형 날개를 펼친 8유형 – 곰

여유롭고 내향적인 이들은 힘과 자신감으로 조용히 자신의 목표를 하나씩 추구해 나가는 끈기를 보인다. 인간관계에서 남을 잘 돕고 수용적이며 인내심이 강하다. 겸손하며 느긋한 모습으로 자기 내면의 힘을 쉽게 드러내지 않고 뒤로 한 걸음 물러서서 차분하게 상황을 지배하는 곰과 같은 사람이다.

9유형의 날개

:

1) 8유형 날개를 펼친 9유형 - 중재하는 사람

강약을 조절하며 관계를 맺기 때문에 물러설 때와 다가설 때를 알고 문제의 해결점을 찾아내는 힘 있는 협상가다. 현재 벌어진 갈등 상황을 지혜롭고 평화롭게 해결하는 능력을 갖춘 중재자다.

2) 1유형 날개를 펼친 9유형 - 몽상가

자신의 원칙과 기준에 충실하고 겸손하며 책임감이 강하다. 자기통제를 잘하고 때로는 너무 세세한 것에 신경을 쓰며, 비판적 성격으로 독선적인 경향을 보이기도 한다. 결단력이 강하며, 발전적이고 이상적인 세상을 위해 큰 변화를 바라는 몽상가다.

1유형의 날개

:

1) 9유형 날개를 펼친 1유형 - 이상주의자

현실 상황에서 한 발 뒤로 물러나 차분하고 느긋하게, 부드럽고 객관적으로 대처한다. 또한 전체적인 큰 그림을 볼 수 있으며, 순수한 자신의 이상을 평화적으로 펼치려 하는 이상주의자다.

2) 2유형 날개를 펼친 1유형 - 개혁가

따뜻한 마음으로 타인을 잘 돕고 사람들과 공감하며 자신의 감정을 표현한다. 이타심이 많아 사람들에게 현실적으로 도움이 되는 개선을 추구하는 개혁가다.

2유형의 날개

:

1) 1유형 날개를 펼친 2유형 - 봉사자

자신이 정한 기준에 충실하고 객관적인 이들은 조용하면서도 일처리를 제대로 하는 것을 중시한다. 자신만의 원칙과 강한 의무감으로 상대에게 친절하며, 이타심이 있어 남을 돕는 것은 당연한 일, 옳은 일이라고 생각하는 봉사자다.

2) 3유형 날개를 펼친 2유형 - 주인/안주인

자신감이 넘치고 사교적이며 야망이 있는 목표지향적 사람이다. 자신을 찾아온 손님에게 정성을 다해 대접하듯 성심성껏 대한다. 타인을 도와주고 의미 있는 관계를 유지하며 자신의 능력을 인정받으려 하는 주인/안주인이다.

3유형의 날개

:

1) 2유형 날개를 펼친 3유형 - 매력적인 사람

사람들과 정서적으로 공감하고 인간관계를 중요시해 타인에

게 잘 베풀며, 활동적이고 사교적이다. 이들은 타인에게 잘 맞
춰줄 뿐만 아니라 매력적인 이미지와 친밀한 인간관계로 상대
의 인정과 관심을 얻고자 하는 사람이다.

2) 4유형 날개를 펼친 3유형 - 전문가

상상력과 창의력이 풍부하고 지적이며 내성적이다. 정서적
으로 예민한 이들은 예술적 감각이 뛰어나며 낭만적이다. 자신
이 원하고 좋아하는 분야에서 일하며 많은 사람들에게 관심과
인정을 받고자 하는 전문가다.

4유형의 날개

:

1) 3유형 날개를 펼친 4유형 - 귀족

외적인 모습이 화려하다. 사람들과 교류할 때 열정이 넘치고,
남의 시선에 비친 자신의 이미지를 의식한다. 고급문화를 즐기
고 자신이 속한 사회에서 특별한 관심과 인정을 받을 수 있는
도도하고 품위 있는 이미지를 지닌 귀족적인 사람이다.

2) 5유형 날개를 펼친 4유형 - 보헤미안

지적이고 사색적인 이들은 다른 사람들과 떨어져 혼자 조용
히 지내는 내향적이고 분석적인 사람이다. 이들은 사회의 관습
과 틀에 얽매이지 않고 자유롭게 창의적인 방식으로 세상 밖에
서 살아가는 보헤미안이다.

5유형의 날개

:

1) 4유형 날개를 펼친 5유형 - 인습타파주의자

상상력이 풍부하고 창의적이며 예술적 감각이 뛰어난 이들은 현실과 동떨어져 자신에게만 몰두하는 개인주의자다. 정서적으로 민감하고, 세상에 뛰어들기보다는 조용히 혼자만의 공간에서 사색에 젖어 자신의 생각을 펼치는 인습타파주의자다.

2) 6유형 날개를 펼친 5유형 - 문제해결자

탐구적이고 지적이며, 미래에 대한 걱정을 해결하기 위해 현실에 적극적으로 참여한다. 맡은 일에는 책임감 있게 성실하고 충실하게 임한다. 논리적이고 분석적인 태도로 당면한 문제를 적극적으로 해결하는 문제해결자다.

6유형의 날개

:

1) 5유형 날개를 펼친 6유형 - 방어하는 사람

조용하고 지성적이며, 뛰어난 관찰력으로 조용히 탐구하기를 좋아하는 개성이 강한 사람이다. 확고한 신념을 바탕으로 자신이 믿는 것을 진지하고 차분하게 지켜냄으로써 안전을 추구하는 방어하는 사람이다.

2) 7유형 날개를 펼친 6유형 - 친구

활발하고 사교성이 뛰어난 이들은 물질지향적이고 충동적이며 즉흥적인 놀이를 좋아한다. 낙천적인 성격과 적극적인 태도로 많은 사람들과 관계를 잘 맺는다. 타인의 호감을 얻고 기분을 잘 맞추며 사회적 안전을 추구하는 만인의 친구다.

7유형의 날개

:

1) 6유형 날개를 펼친 7유형 - 엔터테이너

많은 사람들과 협동해 다 함께 즐기면서 교류하는 이들은 비상한 두뇌회전으로 미래를 대비하며 책임감을 가지고 충실히 노력한다. 이들의 창의적인 아이디어와 지적 호기심은 많은 분야에서 뛰어난 재능을 보여 만능 엔터테이너로 불린다.

2) 8유형 날개를 펼친 7유형 - 현실주의자

자신이 원하는 것을 강하게 주장하는 이들은 실질적인 것을 추구한다. 외향적인 이들은 삶을 자신의 뜻대로 이끌려고 하며, 즉흥적이고 열정적이다. 자신이 계획한 것에 집중력을 발휘해 현실적으로 즉각 행동함으로써 결과물을 얻어내는 현실주의자다.

9가지 성격 유형 화살표를 통한
심층적 에니어그램의 이해

엄마들이 배우는 화살표

에니어그램의 9가지 성격 유형의 화살표는 각 유형의 날개와 더불어 매우 중요하며 꼭 알아야 할 내용이다. 날개는 인간 삶의 환경과 상황에 따라 썼다가 안 썼다가 하는 것이고, 화살표는 인간의 마음과 정서, 심정의 이동을 가리킨다. 인간이 살면서 각종 스트레스나 어려운 일을 겪을 때, 각 성격 유형의 한계가 극에 달했을 때 나타나는 행동으로 화살표 퇴화 방향으로 가서 그 유형의 부정적 모습을 보인다. 또한 화살표의 성장 방향은 역방향으로 성장과 변화를 위해 우리 자신의 집착을 내려놓기 위해 많은 노력을 해야 하는 방향이다.

이처럼 에니어그램은 인간의 내면 역동성을 잘 나타내주기 때문에 행동 예측도 가능하다. 또한 변화하고 성장할 수 있는 방법도 제시한다.

화살표란 무엇인가?

자신의 기본 유형과 두 개의 선으로 연결된 유형으로 각각 성격에 영향을 끼친다. 즉, 화살표는 원 안에 서로 연결돼 있는 삼각형과 헥사드를 말한다. 인간의 변화와 성장을 위해서는 각 유형에서 긍정적으로 뻗어나간 유형의 특성을 적극 받아들이고, 부정적으로 뻗어나간 유형의 건강하지 않은 특성을 건강하게 바꾸려고 노력해야 한다.

화살표는 규칙적으로 연속해서 계속 돌고 돌면서 변화하고 발전하는 인간의 깊은 마음이다. 날개와 마찬가지로 화살표도 무의식적으로 자동 반응하는 패턴이므로 본인의 기본 성격 유형에 많은 영향을 미친다. 9가지 성격 유형의 화살표 방향은 긍정적인 성장 방향인 순방향이 있고, 부정적인 퇴화 방향인 역방향이 있다.

스스로 성장하고 변화, 발전하기를 바란다면 순방향으로 가려는 의도적 노력이 필요하다. 즉, 화살 유형의 긍정적인 면은 부단한 노력을 통해 수용하고 삶에서 적절히 대처하되 부정적인 유형의 특성은 의식적으로 피하거나 바꾸려는 노력이 필요한 것이다. 결국 인간의 근원적인 통합을 위해서는 화살표의 생동감 있는 순환을 통해 조화와 균형을 이뤄 본성에 다가가도록 해야 한다.

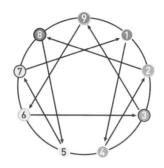

▶ 성장 방향(안정점) : 화살표의 역방향.

평화로운 상태로 건강하고 통합으로 가는 긍정적 방향

▶ 퇴화 방향(긴장점) : 화살표의 순방향.

스트레스 상태로 건강하지 않고 분열로 가는 부정적 방향

8유형의 화살표

1) 성장 방향(안정점) – 2유형의 긍정적인 특성이 나타남.

통제하고 지배하려는 집착을 내려놓으면 타인의 입장을 이해하고 공감하면서 따뜻하고 관대한 사람이 된다. 늘 자신의 연약한 감정을 숨기며 강한 척하지 않고 자신의 감정을 드러내고 타인의 도움도 수용할 수 있는 인간적 모습을 보인다.

2) 퇴화 방향(긴장점) – 5유형의 부정적인 특성이 나타남.

자신의 의지대로 되지 않고 지배욕이 좌절되면 심한 자괴감으로 두문불출하며 무기력해지고 우울감에 빠진다. 모든 인간관계를 끊고 여우굴에 들어간 심정으로 책을 읽거나 와신상담

의 태도로 복수할 계획을 세운다. 삶의 의욕을 잃어 스스로 파괴적인 행동을 하거나 세상을 향해 먼저 공격하기도 한다.

9유형의 화살표

1) 성장 방향(안정점) - 3유형의 긍정적인 특성이 나타남.

타인과 조화롭고 평화로운 관계를 맺어야 한다는 집착을 내려놓으면 자신이 진정 원하는 바가 무엇인지 인식하고 자신감을 회복한다. 긍정적인 사고와 적극적 자세로 목표를 향해 집중하며, 뭔가 결과물을 얻기 위해 실행한다. 관대함과 겸손함으로 좋은 유대관계를 맺고, 타인의 능력을 최대한 발휘하도록 동기부여를 해준다.

2) 퇴화 방향(긴장점) - 6유형의 부정적인 특성이 나타남.

삶이 안정적이고 평화롭지 못하며 갈등과 스트레스가 쌓이면 자신감을 상실하면서 불안과 걱정이 점점 심해진다. 자신의 욕구는 무시되고 비굴한 태도로 타인의 비위를 맞추기 시작하면서 우유부단하고 틀에 박힌 일만 하려 한다.

1유형의 화살표

1) 성장 방향(안정점) - 7유형의 긍정적인 특성이 나타남.

완벽해야 한다는 집착을 내려놓음으로써 이전보다 삶이 즐겁고 낙관적이며 여유를 가지게 되어 마음이 편안해진다. 자신이 세운 높은 기준을 내려놓고 현재의 상황을 융통성 있게 받아들이고 타인을 너그럽게 수용하는 리더가 된다.

2) 퇴화 방향(긴장점) – 4유형의 부정적인 특성이 나타남.

자신이 세운 원칙과 완벽함이 기대에 미치지 못하거나 자신의 가치가 충족되지 못하면 심하게 좌절하고 우울감에 빠진다. 절망감에서 오는 분노 섞인 우울한 정서는 자신과 주변에 대한 비판으로 이어지고, 삶이 위축되면서 자신을 혐오하기도 한다. 때로는 적대적이고 방종하게 행동해 주변을 당황시킨다.

2유형의 화살표

1) 성장방향(안정점) – 4유형의 긍정적인 특성이 나타남.

사랑을 받기 위해 도움과 친절을 베풀어야 한다는 집착을 내려놓음으로써 타인의 욕구보다 진정 자신이 바라는 것이 무엇인지 인정하고 수용하게 된다. 잠재된 자신의 다양한 감정을 표현하고 독특한 창의성을 발휘한다.

2) 퇴화 방향(긴장점) – 8유형의 부정적인 특성이 나타남.

자신이 다른 사람에게 베푼 사랑을 몰라주거나 고마워하지 않으면 억울해하고 공격적으로 분노를 표현한다. 복수하거나 상대를 헐뜯고 비난하면서 모든 상황을 자기 뜻대로 조정하고 장악하려는 소유욕과 공격적 지배욕이 드러난다.

3유형의 화살표

1) 성장 방향(안정점) – 6유형의 긍정적인 특성이 나타남.

개인적인 성공과 성취를 위해 끊임없이 달려야 한다는 집착을 내려놓음으로써 자신보다 공동체의 이익과 성공을 추구하는 가치를 중요시하게 된다. 한 걸음 뒤로 물러나 상대를 살펴보고 타인의 입장을 이해하고 공감함으로써 인간관계가 한층 매끄러워진다.

2) 퇴화 방향(긴장점) - 9유형의 부정적인 특성이 나타남.

자신의 성공 목표에 도달하지 못하거나 인정받지 못할 경우 자신감과 삶의 활력을 잃고 무기력해진다. 냉담하고 무덤덤한 표정으로 갈등 상황을 피하려 하고, 무관심한 태도나 우유부단한 행동을 보인다. 직접적으로 활동해 결과물을 내놓는 것이 아니라 몸을 움직이지 않고 머리로 상상만 하는 수동적 공격으로 주변 사람을 힘들게 하기도 한다.

4유형의 화살표

1) 성장 방향(안정점) - 1유형의 긍정적인 특성이 나타남.

지나친 감정 몰입과 개인주의적 집착에서 벗어남으로써 객관적인 관점으로 세상을 바라볼 수 있게 된다. 현재 자신이 처한 상황을 살피고 체계적이고 객관적으로 자신의 책임을 다하며 이상 실현을 위해 적극적으로 행하게 된다.

2) 퇴화 방향(긴장점) - 2유형의 부정적인 특성이 나타남.

다른 사람들에게 자신의 고유함과 정서를 이해받지 못하면 독립성을 잃고 오히려 타인을 보살피고 의존한다. 상냥한 얼굴

로 사람들에게 인정받으려 하고 관심과 환심을 얻는 데 집착한
다. 자신이 원하는 만큼 존중을 받지 못하면 심한 질투를 느끼
고 소유욕이 강해지기도 한다.

5유형의 화살표

1) 성장 방향(안정점) – 8유형의 긍정적인 특성이 나타남.

이 세상의 모든 것을 알아야 한다는 신념으로 자신만의 공간
에서 지식을 쌓으려는 집착을 내려놓는다. 홀로 고립되기보다
는 세상으로 나와 함께 교류하면서 자신의 지적 능력을 펼치게
된다. 자신의 생각을 자신 있게 주장할 수 있고, 지혜롭게 현실
적 문제를 파악해 책임감 있게 적극적으로 행동한다.

2) 퇴화 방향(긴장점) – 7유형의 부정적인 특징이 나타남.

스스로 고립돼 점점 내면의 공허함에 빠지면 빠질수록 심한
불안감을 느낀다. 역설적으로 공허함을 메우려고 여기저기 다
니면서 이것저것 닥치는 대로 시도한다. 세상 만물의 의미를
찾으려는 명예욕이 충족되지 않아 불안해한다. 불안을 해결하
기 위해 비현실적인 것을 찾거나 점점 더 자극적이고 충동적인
행동을 하지만, 내면은 더 우울하고 혼란스러워지며 사리분별
력이 떨어진다.

6유형의 화살표

1) 성장 방향(안정점) – 9유형의 긍정적인 특성이 나타남.

세상과 자신을 믿지 못해 늘 두려움에 떨고 의심하던 집착을 내려놓는다. 자유로워지고 마음이 차분해지며 긍정적인 신념으로 안정감을 찾는다. 지나친 책임감과 규칙 고수에서 벗어나 경계심 없이 좀 더 유연해지고 융통성 있게 세상을 바라볼 수 있다. 자신과 타인을 믿고 독립적으로 힘을 기를 수 있는 용기가 생긴다.

2) 퇴화 방향(긴장점) - 3유형의 부정적인 특징이 나타남.

지나친 불신으로 두려움이 커지면서 점점 타인을 바라보는 의심과 경계의 눈초리가 심해져 경쟁적이고 공격적인 행동을 한다. 내면의 불안감을 떨치기 위해 무엇이든 결과물을 만들어 내려 한다. 불신할수록 성취 욕구가 강해지고, 자기 능력 밖의 일을 만나면 앞뒤 가리지 않고 정신없이 일에 빠지기 때문에 에너지가 고갈돼 기진맥진한다.

7유형의 화살표

1) 성장 방향(안정점) - 5유형의 긍정적인 특성이 나타남.

두려움을 피하기 위해 외부의 재미만을 찾던 집착에서 벗어나 현실 문제를 직면하고 책임감 있게 해결한다. 회피성의 충동적 욕구를 조절하고 차분하고 지혜롭게 대처한다. 긍정 이면의 부정적 측면을 이해하고 수용할 수 있는 용기를 배울 수 있고, 즉흥적이고 쾌락적인 면보다 자신의 내면을 바라보고 좀 더 진지한 자세로 삶을 살아갈 수 있다.

2) 퇴화 방향(긴장점) - 1유형의 부정적인 특징이 나타남.

삶을 유쾌하고 재미있게 즐기려는 욕구가 좌절되면 내면의 불안감이 올라와 다른 사람에게 화를 내거나 전에 없이 통제하고 간섭하려 한다. 사사건건 결점을 찾아 지적하고 트집을 잡으면서 판단하려 한다. 원리원칙을 주장하고, 정리정돈에 집착하며, 융통성이 없는 꽉 막힌 사람이 된다.

부록 3

에니어그램
성격 유형 진단요령

명지대학교 산업대학원 에니어그램 연구소

- 이 진단은 인간의 능력이나 성격을 검사하거나 평가하는 심리검사가 아니라 선천적, 후천적 심리경향을 알아보는 것으로 자신의 생각과 느낌을 점수로 체크하면 됩니다.

- 이 진단은 각자의 성격 특성과 동기를 알아내어 자신과 타인을 이해하고 받아들임으로써 개인적 성장과 직장과 사회, 가정의 실생활에 도움을 주고자 하는 데 그 목적이 있습니다.

- 각각의 문항을 체크하는 과정에서 의식적으로 깊이 응답하려 하지 마시고 편안하고 자연스럽게 즉흥적으로 대답하시기 바랍니다.

- 지금까지 살아오면서 자기 자신의 모습이나 심정이 현재와 과거 20대 전후와 다를 경우에는 과거 20대 전후의 자기 모습이나 심정에 대해 평가해주십시오.

- 각 문항의 평가 점수는 5점 척도로 점수를 부여하십시오. 자신을 솔직하게 인정하는 답변이 자신의 모습을 알아가는 최선의 방법입니다.

- 좀 더 자세한 내용을 알고 싶으신 분은 저자의 블로그를 참고하세요.
  김진희 저자 블로그 주소 : blog.naver.com/sohyund525

다음 문항들은 여러분의 성격 유형 특징을 알아보기 위한 것으로 그 문항이 자신을 얼마나 잘 설명하고 있는지를 판단하여 차분한 마음으로 솔직하게 ECA Scoring Card에 점수로 표시해주시길 바랍니다.

전혀 아니다	아니다	보통이다	그렇다	매우 그렇다
1점	2점	3점	4점	5점

1. 나는 다른 사람들이 나를 성공한 멋진 사람으로 보길 원한다.
2. 나는 올바르고 완벽을 추구한다.
3. 나는 낙천적이고 모든 것에 재미를 추구한다.
4. 나는 타인에게 도움을 주는 사람이다.
5. 나는 낭만적이고 남들과 다르다.

6. 나는 강하고 정의로운 사람이다.
7. 나는 유능하고 말솜씨가 뛰어나다.
8. 나는 친절하고 상냥하다.
9. 나는 평온하고 느긋하다.
10. 나는 지적이고 현명하다.

11. 나는 섬세하고 민감하여 감정적으로 상처를 잘 받는다.
12. 나는 자신감이 넘치고 추진력이 있다.

13. 나는 잘못된 부분을 잘 발견하고 고쳐주고 싶다.

14. 나는 급할 것이 없고 말과 행동이 빠르지 않다.

15. 나는 분석적이고 요약을 잘한다.

16. 나는 책임감이 강하고 성실한 사람이다.

17. 나는 나만의 고유함을 추구한다.

18. 나는 모든 상황을 주도하고 통제하고 싶다.

19. 나는 사물의 원리를 알고 이해하고 싶다.

20. 나는 타인의 욕구를 잘 알아차리고 충족시켜주려 한다.

21. 나는 모든 것을 알고 싶다.

22. 나는 성취욕구가 강하고 경쟁적으로 일한다.

23. 나는 즉흥적이고 새로운 아이디어가 풍부하다.

24. 나는 평화로운 상태를 유지하고 싶어 갈등을 외면한다.

25. 나는 우울하고 슬픈 감정에 빠질 때가 많다.

26. 나는 주어진 역할에 충실하고 규칙을 잘 따른다.

27. 나는 모든 일에 실수를 하지 않으려 노력한다.

28. 나는 재미있기 위해 계속 다양한 계획을 세운다.

29. 나는 중요한 사람이 아닌 것 같다.

30. 나는 반복적이고 일상적인 삶을 살고 싶지 않다.

31. 나는 자신과 남의 잘못을 비판하고 후회한다.

32. 나는 남에게 인정받을 만한 일이라면 최선을 다한다.

33. 나는 안전하고 확실한 것이 좋다.

34. 나는 정보나 물건을 모으고 수집한다.

35. 나는 상대방에게 칭찬과 호의를 베풀면서 친밀감을 형성한다.

36. 나는 기발한 생각이 잘 떠오르고 상상력이 풍부하다.

37. 나는 일을 할 때 의심과 걱정이 앞선다.

38. 나는 대의를 위해 싸우는 것을 겁내지 않는다.

39. 나는 나의 욕구를 충족시키는 것은 이기적이라고 생각한다.

40. 나는 심각한 상황을 피하고 즐거운 분위기를 만들려고 한다.

41. 나는 실패도 성공을 향한 과정이라 생각하고 금방 잊는다.

42. 나는 약해 보이는 것이 싫다.

43. 나는 원칙이나 질서를 지키지 않는 경우를 보면 화가 난다.

44. 나는 문제가 생기면 시간이 해결해준다고 생각한다.

45. 나는 불확실한 것을 피하고 모험이나 도전을 좋아하지 않는다.

46. 나는 화날 때 못마땅한 표정을 감추고 표현하지 않으려고 한다.

47. 나는 실수했을 때 임기응변에 능하다.

48. 나는 성공한 사람과 친분 있는 것이 뿌듯하다.

49. 나는 스트레스를 받으면 멍해지거나 잠을 잔다.

50. 나는 영화나 드라마 속 주인공처럼 느끼고 그 감정에 빠져 있곤 한다.

51. 나는 문제가 생기면 그 원인을 외부에서 찾는다.

52. 나는 내가 보낸 관심과 호의를 몰라주면 서운하다.

53. 나는 일이 생기면 생각할 혼자만의 시간과 공간이 필요하다.

54. 나는 남이 내 잘못을 말하면 도리어 큰소리를 친다.

55. 나는 매사에 걱정과 불안이 많다.

56. 나는 다른 사람에게 있는 것이 나에게 없다고 느껴질 때 우울하다.

57. 나는 완벽하지 않은 것에 죄책감을 느낄 때가 있다.

58. 나는 중요한 일이 생기면 끝까지 미루다가 나중에 한다.

59. 나는 어떤 일을 할 때 과정보다 결과를 중요시한다.

60. 나는 충동적이고 하고 싶은 것은 참기 어렵다.

61. 나는 세상을 살아가는 데 많은 것이 필요하지 않다.

62. 나는 타인을 도와주지 못할 때 마음이 불편하다.

63. 나는 나의 영역을 넓힐 때 강한 에너지를 느낀다.

64. 나는 업무 중이라도 감정에 빠져 있을 때가 있다.

65. 나는 모든 일을 정확하게 하려다보니 늘 시간이 부족하다.

66. 나는 미리 준비하고 맡은 역할을 다한다.

67. 나는 일을 할 때 지시하고 주도적으로 행동한다.

68. 나는 내 일을 끝내지도 않고 다른 사람의 일을 도와준다.

69. 나는 느긋하게 쉬기가 어렵고, 바쁘게 일할 때 활력을 느낀다.

70. 다른 사람들은 나의 깊은 감정을 잘 이해하지 못한다.

71. 사람들은 가만히 있는 나에게 위압감을 느낀다.

72. 나는 팀 활동보다 개인 활동을 더 선호한다.

73. 다른 사람들은 나와 함께 있으면 긴장된다고 한다.

74. 나는 상대방의 말을 잘 따라주고 수용적이다.

75. 나는 주변의 칭찬과 부러움을 산다.

76. 나는 타인의 시선을 의식하고 조심스럽다.

77. 사람들은 나와 함께 있을 때 편안해한다.

78. 나는 따뜻하고 배려심이 많은 사람이다.

79. 나는 정해진 일보다 창의적이고 자유로운 것이 좋다.

80. 나는 언어표현이 직설적이나 뒤끝은 없다.

81. 나는 새로운 목표를 이루기 위해 항상 바쁘다.

82. 나는 다른 사람에게 감정을 표현하기 어렵다.

83. 사람들은 나를 분위기 메이커라고 한다.

84. 나는 원칙을 잘 지킨다는 얘기를 들을 때가 좋다.

85. 나는 행동하기보다 관찰이나 책을 통해 더 많이 알아간다.

86. 나는 상황파악이 되지만 상대방이 요청하기 전에 먼저 하지는
   않는다.

87. 나는 감정기복이 심한 편이다.

88. 나는 결정하기 어려워 주변 사람에게 자주 물어보며 심사숙고
   한다.

89. 나는 상처준 사람이 사과를 하면 마음이 확 풀어진다.

90. 다른 사람들은 나와 함께 있으면 재미있고 즐겁다고 말한다.

수고하셨습니다!

ECA Scoring Card(성인용)

유형	1	2	3	4	5	6	7	8	9	유형 문항	1	2	3	4	5	6	7	8	9
										46									
										47									
										48									
										49									
										50									
										51									
										52									
										53									
										54									
										55									
										56									
										57									
										58									
										59									
										60									
										61									
										62									
										63									
										64									
										65									
										66									
										67									
										68									
										69									
										70									
										71									
										72									
										73									
										74									
										75									
										76									
										77									
										78									
										79									
										80									
										81									
										82									
										83									
										84									
										85									
										86									
										87									
										88									
										89									
										90									
										소계									

	1	2	3	4	5	6	7	8	9	이름	

◈ 참고문헌 ◈

• 《에니어그램의 지혜》, 돈 리처드 리소·러스 허드슨 저, 주혜명 역, 한문화, 2012.

• 《에니어그램의 이론과 실제》, 이안숙·한은진 저, 홍익기획, 2013.

• 《에니어그램으로 보는 우리 아이 속마음》, 엘리자베스 와겔리 저, 김현정 외 역, 연경문화사, 2013.

• 《영혼의 자유 에니어그램》, 엘리 잭슨 베어 저, 이순자 역, 슈리크리슈나다스 아쉬람, 2005.

• 《당신이 바로 하늘이 낸 부자일지도 모른다》, 주혜명 저, 명진출판, 2004.

• 《엄마의 성격을 알면 아이가 보인다》, 이정화 저, 교보문고, 2008.

• 《나를 찾는 에니어그램 상대를 아는 에니어그램》, 레니 바론·엘리자베스 와겔리 저, 주혜명 외 역, 연경문화사, 2014.

• 《우리 아이, 성격별 교육백서》, 김상숙 저, 상서각, 2007.

• 《제멋대로 키운 아이 더 크게 성공한다》, 윤태익 저, 더난출판사, 2006.

• 《현대 성격심리학》, 권석만 저, 학지사, 2015.

• 《리더십, 성격이 결정한다》, 진저 래피드 보그다 저, 김환영 역, 비즈니스북스, 2008.

• 《우리 아이의 숨겨진 재능을 깨워라》, 카론 구드 저, 백미영 역, 베이비북스, 2009.

• 《미움받을 용기》, 기시미 이치로·고가 후미타케 저, 전경아 역, 인플루엔셜, 2014.

• 《엄마가 믿는 만큼 크는 아이》, 기시미 이치로 저, 오시연 역, 을유문화사, 2015.

엄마가 먼저 알아야 할

에니어그램

지은이 | 김진희
발행처 | 도서출판 평단
발행인 | 최석두

신고번호 | 제2015-000132호
신고연월일 | 1988년 07월 06일

초판 01쇄 | 2016년 05월 13일
초판 03쇄 | 2019년 04월 30일

우편번호 | 10594
주소 | 경기도 고양시 덕양구 통일로 140(동산동 376)
삼송테크노밸리 A동 351호
전화번호 | (02) 325-8144(代)
팩스번호 | (02) 325-8143
이메일 | pyongdan@daum.net

ISBN | 978-89-7343-438-1 (03180)

값 · 13,500원

이 도서의 국립중앙도서관 출판시 도서목록(CIP)은
서지정보유통지원시스템 홈페이지(http://seoji.nl.go.kr)와
국가자료 공동목록시스템(http://www.nl.go.kr/kolisnet)에서
이용하실 수 있습니다.
(CIP제어번호 : CIP2016009942)